速读大师 Master 15'

商业新闻出版公司和轻松读文化事业有限公司提供内容支持

打造企业
蓝海战略

浓缩书编辑部　编

中国盲文出版社

图书在版编目（CIP）数据

打造企业蓝海战略：大字版 / 浓缩书编辑部编 .—北京：中国盲文出版社，2015.12

（速读大师）

ISBN 978—7—5002—6942—7

Ⅰ . ①打… Ⅱ . ①浓… Ⅲ . ①企业战略 Ⅳ . ① F272

中国版本图书馆 CIP 数据核字（2015）第 322363 号

本书由轻松读文化事业有限公司授权出版

打造企业蓝海战略

编　　者：浓缩书编辑部
出版发行：中国盲文出版社
社　　址：北京市西城区太平街甲 6 号
邮政编码：100050
印　　刷：北京汇林印务有限公司
经　　销：新华书店
开　　本：787 × 1092　1/16
字　　数：90 千字
印　　张：12.75
版　　次：2016 年 1 月第 1 版　2017 年 3 月第 1 次印刷
书　　号：ISBN 978—7—5002—6942—7/F · 114
定　　价：32.00 元
销售热线：（010）83190289　83190292　83190297

出版前言

数字文明为我们求知问道、拓展格局带来空前便利，同时也使我们深受信息过剩、知识爆炸的困扰。面对海量信息，闭目塞听、望洋兴叹固非良策，不分主次、照单全收更无可能。时代快速变化，竞争不断升级，要想克服本领恐慌，防止无知而盲、少知而迷，需尽可能将主流社会的最新智力成果内化于心、外化于行，如此才能更好地顺应时代，提高成功概率。为使读者精准快速地把握分散在万千书卷中的新理念、新策略、新创意、新方法，我们组织编写了这套书。

这套书旨在帮助读者提高阅读质量和效率。我们依托海内外相关知识服务机构十多年的持续积累，博观约取，从经济管理、创业创新、投资理财、营销创意、人际沟通、名企分析等方面选取数百种与时俱进又经世致用的好书分类整合，凝练出版。它们或传播现代经管新知，或讲授实用营销技巧，或聚焦创新创业，或分析成功者要素组合，真知云集，灼见荟萃。期待这些凝聚着当代经济社会管理创新创意亮点的好书，能为提升您的学识见解和能力建设提供优质有效便捷的阅读资源。

聚焦对最新知识的深度加工和闪光点提炼是这套书的突出特点。每本书集中解读 4 种主题相关的代表性好书，以“要点整理”“5 分钟摘要”“主题看板”“关键词解读”“轻松读大师”等栏目精炼呈现各书核心观点，崇真尚实，化繁为简，您可利用各种碎片化时间在赏心悦目中取其精髓。常读常新，明辨笃行，您一定会悟得更深更透，做得更好更快。

好书不厌百回读，熟读深思子自知。作为精准知识服务的一次尝试，我们期待能帮您开启高效率的阅读。让我们一起成长和超越！

目　录

在日益激烈的市场竞争下，为求生存与发展，企业越来越依赖创新。因此，创新成为一种人人竞逐的商业模式，而且永不停息。对于创新领导者来说，要想达成创新，就要注意四个信号：改变的信号、市场既有者与新进者的战争、公司的策略抉择以及影响市场的非市场因素。未来难以预测，但是通过这套思想架构，可以让创新者更有自信地向前迈进。

你的开创型员工在哪里 …………………………… 47

全世界大约有800位创业型亿万富翁，他们资产净值的增长速度比全世界经济快3倍。这些人中不乏曾在大公司任职的开创型人才。但他们并非传统意义上的执行者，往往直接抵触大部分公司看重且鼓励的员工特质，导致这些有能力创造亿万财富的人才无法在大公司中立足。他们不以既有的目标和标准为满足，会重新定义可能的做法。你身边是否有这样的人才？

单纯的会员制早已存在，但会员经济却是新事物。在会员经济下，组织必须将顾客关系置于商业模式的中心，而不是产品、顾客体验或者是一次性的销售交易。今天，社交媒体和其他科技的兴起，不仅让顾客更容易和经济组织建立关系，会员之间也可以产生更紧密的互动。会员经济的最终理想是打造可以自行产生的营收以及不断成长的会员及获利。

所谓蓝海，指的是未开发的市场，从来没有人以它为目标，因而具有巨大的成长潜能。在蓝海中，只要企业有足够的创意和创新能力，愿意以差异化来吸引顾客，就能赚取高额的报酬。而所谓成功，并非是与竞争对手殊死搏斗，而是应该创造一场除你之外没有其他人参加的比赛。你要练就的不再是考虑成本及产能的本领，而是要跨出现有框架，创造属于自己的成功。

透视产业下一步

Seeing What's Next

Using the Theories of Innovation to Predict Industry Change

原著作者简介

克雷顿·克里斯汀生（Clayton M. Christensen），哈佛商学院企业管理学教授。1997年出版代表作《创新者的两难》，以“破坏性创新”理论奠定创新大师地位，并于2011年获选为“世界50大思想家”榜首。他是多家企业的董事，并曾与人合伙创办过4家公司。他写有8本著作及上百篇文章，毕业于杨百翰大学、牛津大学和哈佛商学院。

史考特·安东尼（Scott D. Anthony），创新洞察有限公司合伙人，该公司专营管理顾问兼教育业务。他在为客户提供咨询之余，亦身兼商业管理期刊《策略与创新》的编辑。毕业于达特茅斯学院和哈佛商学院。

艾瑞克·罗斯（Erik A. Roth），麦肯锡顾问公司顾问，擅长消费性包装商品、零售与电信产业，也是一些个案研究和学术论文的共同作者。毕业于米德伯理学院和哈佛商学院。

本文编译：杨忆晖

主要内容

主题看板

创新者的 4 重修炼

继在《创新者的两难》和《创新者的解答》两书中对“破坏性创新”提出完整的理论基础后，当代最具影响力的创新大师克里斯汀生带领读者运用前面两书的创新理论，以系统的方法再次预测产业变化、洞悉市场未来。

在日益激烈的市场竞争下，企业为求生存与发展，愈来愈依赖创新以提高竞争力。因此创新成为一种人人竞逐的商业模式，而且没有终止的一天。

1997 年，美国哈佛大学商学院创新理论大师克雷顿·克里斯汀生教授在《创新者的两难》一书中提出“破坏性创新”（Disruptive Innovation）概念，无疑将创新推向另一个高度。这种创新指的是向新顾客销售更容易使用且更便利的产品，而且该创新往往由市场的新进者发动并对原本市场领导者形成致命攻击。例如维基百科相对于大英百科全书、Google 地图相对于传统地图一样，都对原领导者造成翻天覆地的影响。

然而，正因为破坏性创新并不依循原有的技术和脉络发展，甚至成为一种完全超乎过往经验的激烈行动，因此在其过程中更需要领导者的智慧及引导。所以，领导者的修炼及洞见显得格外重要且艰巨，对于市场既有者而言尤其如此。一旦缺乏警觉，一不小心便可能被不知从哪里冒出来的新进者所取代。

《透视产业下一步》带我们归纳出创新领导者的 4 重修炼：

首先，你要留意“改变的信号”。它可能来自各个方面，但最主要的观察对象是消费者（包含非消费者、尚未满足或过度满足的顾客）以及政府奖励等非市场力量。

其次，你要观察“市场既有者及新进者之间的争战”，它们拥有各自的优势和劣势。当然对新进者而言，破坏性创新绝对是它的杀手锏，但市场既有者也不是完全没有反击的力量。

第三重修炼是观察公司如何回应或做出潜在的破坏性攻击，亦即公司的策略抉择。在现实情况中，抉择不会是一次性的，而是一连串、数回合的交手过程。当然事后总是可以找出左右胜负的关键抉择，但如何在情况不明朗时就做出正确抉择，是领导者面临的最大挑战。

第四重修炼让我们重新把目光焦点放到影响市场的非市场因素上。许多产业受政府规范之类的非市场因素影响甚大。如果你忽略这一点，极可能与现实环境脱轨，不仅创新计划受阻，所有努力也都会白费。相反，善用政府法规中的有利因素或趁势推出迎合新法规的服务，则使你有机会抢得领导地位。

未来难以预测，管理学家或管理顾问也无法

预见未来。但是，通过以管理理论为基础的思考架构，确实可以帮助我们整顿思绪，稍微照亮前方的路，让我们更有自信地往前迈进。

引言

我们是否能准确预见市场的下一波新趋势，还是得静待，直到市场自身趋于明朗？这是个耐人寻味的问题。

对于投资者、商业经理人和其他人来说，他们长期以来所获得的成功均来自于能持续预测出公司、产业与新科技的命运。所幸，现在有4道程序可供遵循，让我们能够理性地审视未来，以系统的方法预测各种市场争战会如何进行。

这4道程序主要是在解决产业的4个明确问题：

（1）是否有迹象显示，有人开始利用才刚出现的改变契机且已从中获利？

（2）正面交锋的市占率争战下，最可能引发的结果是什么？

（3）产业参与者当前所做的决定，是强化还是削弱了他最终的成功机会？

（4）长远看来，政府规范之类的非市场力量，如何协助我们确定哪些公司会在产业中兴盛？

运用创新理论预测产业变化的程序

一　改变的信号

分析程序的第一道，便是识别产业的改变何在并分析其可能性。换句话说，就是要能辨别出过去与未来之间的截然不同之处。焕然一新的产品、服务、商业模式和公司问世之际将出现此一差异。

此时的重点在于观察那些拥有与现今产业截然不同之产品、服务或商业模式的公司以及它们进入市场的过程。关键是，有时这些新发展是在远离现存市场之处孕育的，也可能它们看起来无足轻重且不会让人放在心上。这就是为什么精明的产业观察者有时也会感到震惊的原因。

然而，若你从 4 个主要群体中发现浮现的信号，你便掌握了绝佳机会，得以接收破坏性创新蓄势待发的信号。这 4 大群体是：

（1）非消费者——这群人眼下是不会买业者所提供的产品或服务的，因为他们手头不是那么宽裕，也不具备应有的特定知识。此时，你必须观察以下两种模式，它们代表成功的新市场破坏性创新：

◎公司会引介一种较简单也让顾客更负担得起的产品或服务，它不会像传统产品那样，而是表现出对新顾客来说更理想的形式。破坏性产品通常不具备现有产品的功能，却能带来重要的新利多，例如便利性、个性化或降低售价等。

◎公司会提供新产品或服务，协助顾客更容易或更有效率地完成他们正在尝试的事；或者这些新产品或服务可以帮人们独立完成之前得具备相当程度专业知识才能达成的事。

（2）尚未满足的顾客——目前产品和服务对他们而言不够好。尚未满足的顾客愿意多花钱购买性能更优的产品。这时，能发展出有创意且性能佳的商品的整合型公司便会成功。通过将价格更具吸引力的改良产品和服务提供给最佳顾客，公司能够随之成长。产品的改良可能是渐进的，也可能是大幅跳跃的。

（3）过度满足的顾客——目前产品和服务对他们而言“太过”了。产品能做的比所需要的还多。大多数公司的研发脚步都比顾客的生活改变要快。过度满足的结果是无差异商品化，人们不愿掏出更多钱来买较好的产品。过度满足会引发以下 3 件事：

◎低阶产品广受欢迎，它功能较少，价格更为低廉。

◎以对价格敏感、能接受较少功能的顾客为目标的专业型公司取代了整合型公司。

◎产业标准获得认可，让更多供应商能够进入这个领域。同时，过去以来的产业价值链也会改变，从而更接近终端使用者。

（4）非市场力量——能影响产业内的改变机会。例如，政府可能推出创新奖励补助。也或许是一个国家知识产权实施方式的改变，这可能大幅提高公司的创新动力。

关键思维

通过克服非消费状态，或者以新内容刺激消费，破坏性产品或服务创新便能创造新市场。这些相对简单且性能在平均水平之下的产品，让更多群众能完成以前只有专家才能做到的事。由于这些产品所展现的限制性，大部分的获利顾客将不会一开始就有兴趣购买。

——克雷顿·克里斯汀生
史考特·安东尼
艾瑞克·罗斯

process1 改变的信号

是否有迹象显示，有人已开始利用刚出现的改变契机且从中获利？

要观察 4 种关键的信号

1. 非消费者——这群人目前没有力量、钱财或渠道接触现有的产品。他们是公司提供新颖产品和服务的目标。倘若出现了某种帮助人们更便捷地完成目前所做的事的新解决方式，那么，快速甚至爆炸性的业绩增长都是指日可待的。
2. 尚未满足的顾客——这些人花钱购买产品，但对它的限制感到沮丧。他们是新推出的、功能强化的改良产品和服务的目标客层。在这里成功的是整合型公司，而非专业型公司。
3. 过度满足的顾客不再为持续改良的功能付出更多钱。这会造成下列 3 种不同的状况：
   服务那些最低需求顾客的新商业模式应运而生；
   专业型公司通过锁定主流顾客而大发横财；
   规则和标准的出现可能导致产业迁移和改变。
4. 非市场力量——即政府和其他规范机构。它们能明显增强或降低某项产业创新的能力和动机。

二　争战

分析程序的第二道是评估产业内所发生的争战。这通常是市场既有者和渴望市占率的新进者之间的正面交锋。重点在于看清才能拔得头筹。

依据足够信息来决定哪一家公司将会充分发挥创新潜能，这点十分重要，因为这预示了谁才具备彻底改变产业的潜力。产业既有者会自然而然地认为市场新进者没什么扰乱产业优势动力的能力，但事实并非如此。因此，大家都很想尝试预测出产业争战的结果。

通常可用两种方法来预测争战最可能出现的结果：

（1）评估并比较优势与劣势——就像拳击手在职业冠军赛之前会比较臂长、体重、历史纪录等等一样。为了要彻底执行这一点，而不仅是流于表面，你必须在以下 3 方面比较各家公司：

◎它们所有一切看得见和看不见的资源，诸如技术、产品、资产负债表、设备、现金储备、销售网络等等。这也包括无形资产——人力资本、品牌、知识产权、长年累积的专业知识技能等等。

◎它们经营管理的流程或做生意的方法。过去曾成功解决棘手问题的公司，未来面对问题时很可能也有解决问题的能力。它们在聘雇或解雇人员、产品开发或制造的流程上也许表现得不错，或者擅长市场研究或资源分配。即使资源不如人，流程方面的能力和技巧也可以弥补此缺陷。

◎它们的价值或所采行的相对优先事项。公司的价值会决定它如何建立自身的商业模式，以及后续据此所做出的关于如何获利、公司规模或成长预期的决策。通过分析过往的投资决策和损益表，通常能看出先前经验中的优先事项。你也可以从公司的顾客群得到相关线索，因为它可作为告诉我们日后该公司最可能吸引哪类客层的指标。总之，一个公司的价值决定了它未来能做与不能做的事。

（2）辨识出哪些公司做事的方式与众不同——换句话说，就是观察哪个公司能执行得比其他公司更好。最耐人寻味的差异将意外发生在不对称之处——一个公司的优势正是另一个公司的劣势。每当有新公司进入市场时，通常它行为异常，既有者一开始都不愿回应。但是如果新进者十分机灵，既有者终将被迫以下列某种方式应对：

◎将市场拱手让给新进者——或许通过声明，表达公司将重新关注其核心顾客，并把低价市场留给其他业者。

◎延揽某些助力——通常既有者会进行策略性收购，或将公司资源重新排列组合，其用意是要打造公司自己的内部专业知识。

◎发动攻击——开发自家产品或服务的修正

版，直接迎战市场新进者的攻势。

◎在自家顾客周围筑起一道墙——可以针对自己现有顾客群的低阶需求推出新产品。

关键思维

商业模式创新能让公司推出更便利或更低价的商品或服务。这些低阶的破坏性创新亦需要训练有素的管理，以便为一开始针对最低阶市场层级的部署设下界限。当低阶破坏者偷偷利用动机的不对称，将目标锁定在现存竞争对手乐于拱手让出的消费者上时，他便能制胜。虽然正面交锋的市场竞争对争取最有价值的顾客来说是管用的，但它会耗费庞大资源，因为既有者为了守住其核心市场将全力反击。

——克雷顿·克里斯汀生
史考特·安东尼
艾瑞克·罗斯

多数的创新皆非破坏性的。许多最重要的

创新，都是让一项优良产品或服务更上层楼的持续性创新。虽然持续性创新向来是由既有者带头进行的，但新进者若能以正确方式来定义成功，同样可以取胜。由新进者所主导的持续性创新，其成功率通常很低。除非他手头阔绰，否则这条路行不通。只有新进者将成功定义为与既有者合作，制作出顾客愿意花钱购买的具价值感的增值增量产品，他才会有较大的成功机会。而新进者最后将他的创新售予既有者而获利，更是常有的事。

——克雷顿·克里斯汀生
史考特·安东尼
艾瑞克·罗斯

process2 争战

在现今产业竞争下，有可能获得顾客青睐的是谁？

要使用 2 种关键的评量方法

1. 评估每家公司的相对优势与劣势——并且系统地预测哪个产业参与者最有可能在经历一段时日后取得最大的市占率。
2. 辨识出哪些公司正在做竞争对手不会或不愿做的事——并找出动机或技巧中的主要差异。从长远看，这些差异很可能会带来巨大利益。

三　策略抉择

程序中的第三道，是观察公司如何回应潜在的破坏性攻击，评估市场新进者是否正在充分发挥创新潜能，或者市场既有者是否正在做出合理的决定以制止攻击者。

大多数的市场破坏性行为，其结果都不能事先准确预料到。最终孰胜孰败，是由市场既有者和新进者各自一连串决定所累积而成的。通过分析新进者是否采取了明智的行动好让情势对他有利，或者分析既有者是否能有效对付这些攻击，你便可以信心满满地勾勒出最终的结果。

一项技术的商品化，若要增加其成功机会，公司可以有 3 个关键抉择，这也是你该观察的部分：

（1）一个健全且合理的筹备体制——这非常

重要，因为它能大幅增加成功的可能性。倘若一个公司已做好万全的准备以迎接未来挑战，那就意味着它自身商业模式的要素都已经到位了：

◎基础建设成本很低，如此便能以少许测试就找出什么最管用。

◎有一份测试市场现实的事业计划，而不是假设自己什么都知道。

◎所聘用的经理人皆有处理类似问题或挑战的实际经验。

◎投资者具备长远眼光，而非立即要求成效。

◎公司能积极主动适应市场变化，并且在必要时修正自身的事业计划。也就是说，公司愿意学习和适应，而非只靠假想和行动。

◎公司愿意组织并激励一个超强管理团队。

这些行动都是筹备阶段的基础，会影响到市场新进者能否确保有个健全的商业立足点。

（2）创造新的、重叠的价值网络——市场新进者得以达到包含了优质外包商、供应商、零售商、经销商、合作伙伴和附属产业业者的规模经济。供应商的数量和种类愈多愈好。理想的情况是，新进者的价值网络应该要脱离与市场既有者相同的成本结构，如此才能以较低的价格创造出引人注目的收益。

由于市场新进者常将目标设定于现有产品的非消费者身上，作为其进场策略，现有的产业基础也就没有多少能被采用。但这正是新进者所想要的，因为如此才能让他有机会提出以顾客为中心的价值主张，而不是只对现有产业价值网络有经济效益的价值主张。

（3）破坏性企业文化与心态——某些公司天生就具有破坏性。少数公司已精通于操作高度破坏性市场，手段也十分高明。例如，当这些公司是市场既有者时，它们便会如此击退新进者：

◎创立衍生组织。它们是完全独立的事业单位，能依据商业可行性而非既定的公司政策来做决定。这些衍生组织可以追求母公司无法充分利用的那些商机。

◎发展内部程序，从获利的角度来处理破坏性创新思维，不让公司身陷恐惧氛围之中。

关键思维

当过度满足的状况发生，赢利点有所转移而致使模组化产生，此时新进者和既有者进入市场的策略都会改变。在这个阶段，专业型公司会进入市场，获取微薄的利润。既有者往往通过市场的过度满足层面，意图加速创新以迎合市场需求。然而既有者常会发现，尽管这种移动确实有助于他加速创新，但利益却溜向供应商，因为这些供应商提供了关键的决定性的元件与子系统。发现这些转移并采取适当行动的既有者，才能朝着诱人利润前进。

——克雷顿·克里斯汀生
史考特·安东尼
艾瑞克·罗斯

process3 策略抉择

公司当前所做的决定，是增加还是降低了制胜率？

要观察 3 项关键的策略

1. 一个健全且合理的筹备体制——有抱负的市场新进者会雇用对的人，运用最恰当的进场策略，拥有足够资金，而且通常所做的所有事情都将实际增加成功的机会。

2. 创造新的、重叠的价值网络——这将使得市场新进者得以延揽优良的供应商、经销渠道和其他服务业者。新价值网络意味着遵循市场既有者的价值的压力没那么大。

3. 破坏性能力和心态——市场新进者是否有“对的员工”，他们在面对最终会让市场中主要破坏性行为壮大、持续的那些力量时，能否应付得宜。有些公司很善于利用市场开放机会，其他则是眼睁睁地错失获利良机。

四　非市场因素

许多产业——像是健康护理、金融服务和教育业等等，受政府法律法规之类的非市场因素影响甚大。为明白这些产业的未来状况，就得对新颖的创新与这些非市场实体之间的相互作用有所认识。

所有的市场都可依两条轴线来归类，即动机（制胜者所获取的财务报酬）和能力（获得资源、发展商业模式、提供产品或服务的本领）。

同下图所示，可能会出现下列4种不同的产业现象：

（1）创新的温床（高动机、高能力）

这会发生于市场既有者和新进者都拥有多种追求创新的契机之际。许多以科技为根基的产业都处于这样的温床。

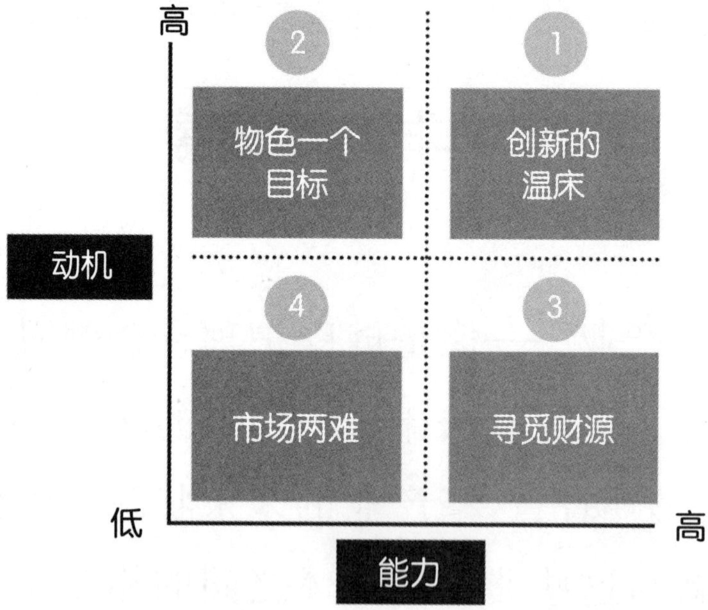

（2）物色一个目标（高动机、低能力）

在这个象限里，公司能看见潜在的商机，却发现有些阻碍让它无法采取适当行动。

（3）寻觅财源（低动机、高能力）

在第3象限中，创新是可能的，但机会不大。这种现象之所以发生，多半是因为这些公司没有机会将它们的创新变成现金，或没有机会将点子转化为新产品。

（4）市场两难（低动机、低能力）

在这个象限中，公司创新的能力和动机都没

有。在这种情况下，创新者是不会存在的。

运用一些手段，政府便可以控制并改变产业在这些象限中的定位，包括：

◎研究与开发费用的税收优惠或减免。

◎贷方核保信用贷款。

◎制定会影响反垄断法或一般竞争政策的法规。

◎强制规范产业的定价与费率措施。

◎针对所有市场参与者所制定的相关资源法规与／或无障碍进入市场保证。

◎解除传统产品和服务的限制。

◎产业标准和行规的建立。

◎一般产业规范框架的放宽或紧缩。

整体而言，政府的干预会深刻影响产业内创新的自然进展。政府为了创新而移除相关法规障碍，会鼓舞许多新公司投入市场。政府的行动及其他事宜能大幅增加创新者开发或商业化新产品的动机和能力。

关键思维

要铭记于心的是，一定程度上，抉择是重要的。争战的赢家鲜少从第一天起就已注定。要增加还是降低最终获胜的机会，决定权都在公司自己手上。但它的自由度不是毫无限制的。早期的决定会大大影响公司的能力，它清楚表明了公司的缺陷，确立了哪些策略选项终将被证明是不可能成功的。

克雷顿·克里斯汀生
史考特·安东尼
艾瑞克·罗斯

当政府修正了一项实际市场错误时，便创造了能刺激重大创新能力的动机。只是，创造正确动机何其艰辛。首先，政府往往难以从杂音之中找出真实信号来对症下药：究竟是市场没有运作至最佳状态，还是其他什么原因。其次，即便政府能识别出根本原因，也有可能发现它难以处理解决。结果，政府在创造暂时性机会方面的经历可以说是洋洋洒洒，但往往雷声大雨点小。观察到政府对动机加以干预的那些分析家，应该要提防“意外恶果法则”：许多因立法而带来的利益可能只是暂时的，而且会鼓励富有创意的企业家通过利用政府所提供的机会玩弄这个体系。

——克雷顿·克里斯汀生
史考特·安东尼
艾瑞克·罗斯

产业所在大处境是，往往非市场行动可以成功促进创新，但没人能确保非市场力量一定会成功促进创新。非市场力量必须针对阻碍来采取正确的行动，尽管有时这行动并不受政治因素欢迎（例如，为了修复而要求短期提高价格）。但不幸的是，这些情况中政治因素欢迎的行动只会让问题更加恶化。问题愈棘手，靠单一行动来修复的可能就愈低。当政府处于政策制定者的两难境地时，最佳选择便是鼓励破坏性创新者去建立新的价值网络，以此来最终改变看似无法改变的产业。

——克雷顿·克里斯汀生

史考特·安东尼

艾瑞克·罗斯

五 运用程序的实例

健康产业

健康产业常被形容为一只失控的一吨重的大猩猩。今天美国每7美元中便有1美元进到这个产业的口袋里。可是，健康产业却还常常被说成处于危机当中，且陷入看似不可能的矛盾里："治疗肯定会变得更昂贵，但我们希望能尽可能医治更多的人。"随着人口老龄化，所有问题只会每况愈下。

然而创新理论认为，健康产业与消费者并未同调。许多病患并非总想找昂贵的顶尖医学专家。恰恰相反，愈来愈多的病患已准备好接受一般性治疗，因为那样又便宜又方便。健康护理不再只是一招打遍天下。多亏了对使用者更为友善的医疗科技，目前已有数种混搭组合可供选择。此外，人类基因研究也显示，人们不久后便能更积极地预防病症。

当这些因素与事实结合在一起，健康护理费用的不断提升持续引起全世界诸多顶尖学者的注意并引起许多破坏性创新。最后，这些破坏性创新将创造出一种新的健康护理体系，使最棘手的病例也能接受最好的医疗。而主流健康护理所关注的，则是如何以更为广泛、便利且低价的方式来进行诊治。这些真正提高了人们的生活品质。

尤其是健康预防会成为庞大的产业。消费者将会获得一些工具，用以更妥善地管理自身健康，而不是把一切都留待医生和专家来决定。因为自己独特的遗传基因，那些于未来有很高风险罹患疾病的人们，可以在年轻时便开始采取行动，防止未来可能发生的问题。同时，居家健康监控和治疗设备的进步，也会让消费者对自身健康变得更加积极。

健康护理市场的低阶部分，会是该产业大多

数的创新所关注之处。某些病现行的治疗方式，如耳炎、咽喉炎和鼻窦炎，皆远超过消费者的需求，因为它们需要医生来开处方药。若改变这种模式，使其变成专科护理师或助理医生即可操作的方式，让他们在超市等便民点就可针对一些普通病症进行诊断与治疗，实在是亲民又方便。那样看病就不用预约了，患者可以很快地进进出出，随时能在商店内的药房里买到药物。大多数顾客都会认为，这提高了他们的护理品质，远比通过经由严格训练的人士才能得到药物要好得多。这些低阶健康护理的混搭组合后续可能产生的冲击，令人不得不正视。

许多市场新进者即将在市场低阶处引进破坏性创新健康护理。现有以医生为中心的传递系统将受到挑战。当人们从网络或自我诊断测试中获得更多信息时，另类医学也将兴起，且会成为主流。健康护理的这些发展，必将引发广泛的辩论，亦即“品质”在健康护理领域中的最佳定义

健康护理产业

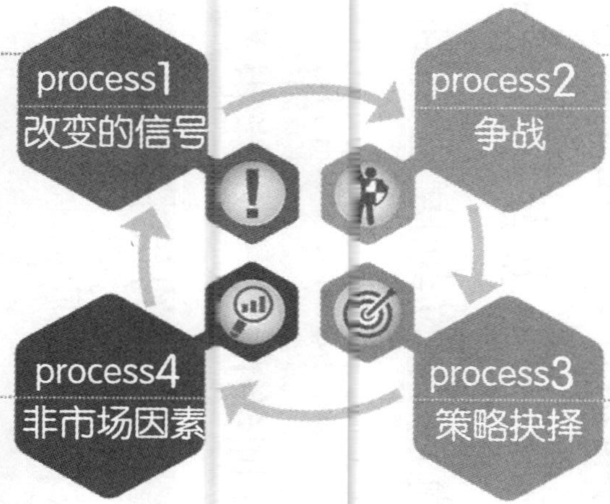

由于新科技让居家测试和治疗更为容易，现在便有更多人能够以更方便的方式接触健康护理服务。结果，与过去相较，健康护理提供者更加接近消费者了。

过去仅能由专家提供的处理程序，如今已可由一般执业医生甚至护理师来执行。在这个产业中，传统角色的限制不断被移除。

市场新进者必须抗拒一项诱惑，即将目标只锁定在病入膏肓的人们身上，反而应将焦点摆在大众市场。同样，新进者通常必须避免聘用高超技术提供者，也要避免过于重视医学专家。

非市场因素在健康护理创新中扮演了举足轻重的角色。加速许可机制和移除任何法定角色限制，将会提高产业的创新能力。同样，政府健康护理支出的增加也将激励创新者。

是什么，这最终可能使得健康护理的费用下降。

半导体产业

半导体制造商将产品售予电脑制造业者（约占市场的55%）、通讯设备制造业者（约占25%）以及消费性商品制造业者（约占15%）。2001年时，它是个1400亿美元的市场，其中英特尔的市占率超过80%。

长久以来，这个产业一直遵循着摩尔定律，它提出硅晶上的电晶体数量每18至24个月就会增加一倍。几乎就像是按计划准时进行那样，半导体市场中每两年就有新一代产品问世，让微处理器和其他设备功能更强、运作更顺畅。它唯一的问题是，为数众多的消费者只用电脑来做文字处理或收发电子邮件。这表示即使电脑处理能力已有跳跃式的进展，他们也没什么动机去升级电脑。

专业型公司的出现对这种现象做了回应，它们的动作比产业主要业者要快得多。这些公司的竞争力在于它们能提供给顾客真正想要的东西。

它们甚至会利用新制造程序定制芯片，提供精确的指定功能，去除不必要的部分。顾客就是喜欢这一点。

乍看之下，这些定制微处理器芯片对英特尔来说或是竞争威胁，但英特尔这位沙场老将随即将威胁转化为契机。具体而言，英特尔拥有傲人的财务和科技资源、流程本位技能以及长期开发尖端产品的经验，亦已与多方建立了良好关系，包括电脑、电信和消费性商品产业中最大最重要的顾客。

迄今为止，半导体的生产已成为极度资本密集型产业。2004 年，建立有效率制造设备的花费已提升至约 30 亿美元。现在若干专业型公司都已具备制造能力，这表示它们无须投资兴建新的制造设备，就可以制造定制芯片。这全然改变了半导体产业的竞争样貌。

市场新进者现在让顾客设计自己的微处理器芯片，从他们最常做的事中选出所需要的处理能力。此举排除了研发的需求——那向来是微处理器芯片新产品所必备的。实际上，这对英特尔和其他业者而言，是获利性的事业活动将商品化，意味着价值将转移至价值链的其他部分。产业内的所有竞争基础，将由功能性移转为快速上市、个性化与便利性。公司会通过展现愈来愈快的生产作业周期，让自己在业界脱颖而出。

结果，操作流程、核心能力和成本结构在今日是资产，在未来却可能会成为负债。半导体产业从万能全包转向更为集中的小众利基市场，将需要一种截然不同的商业模式。其整个价值链与这些发展正同步演变。现在获得庞大附加价值的那些商业活动将逐渐被边缘化。若不想在日后落败，产业既有者势必得迅速精明地回应这些发展并采取攻势。

半导体产业

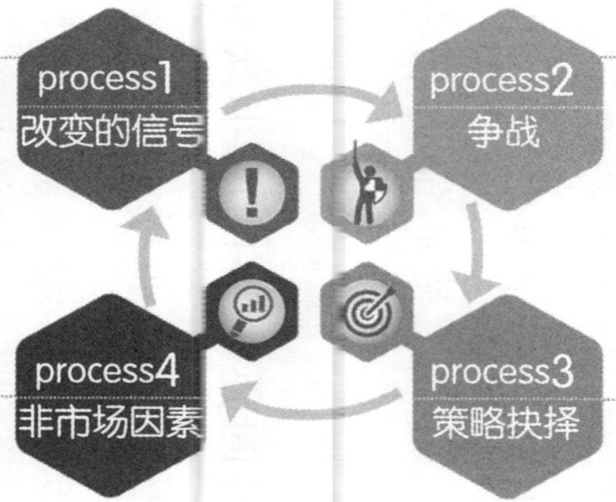

消费者如今变得愈来愈不愿意在新一代产品上花钱，这意味着对顾客需求的满足已经过头了。此外，许多专业型公司兴起，而非全方位公司。

新公司开始在便利性和个性化方面，而不是原始处理能力方面进行竞争。这需要与过往截然不同的技巧和能力。

市场新进者必须动作迅速，以巩固其收益。过去英特尔已证明了它擅长辨识与回应破坏性威胁，未来也很可能依然会这么做。

半导体产业的剧烈改变与演变从来不需要政府规范，产业内现行所有改变均由科技所驱使。随着这些发展出现，新的、不同的商业模式亦开始变得可行。

关键思维

破坏性是一种过程，而非一起事件。它会发生于任何产品或服务市场中，甚至可以用来解释国家经济之间的竞争。

——克雷顿·克里斯汀生

史考特·安东尼

艾瑞克·罗斯

未来总是不可预测的。我们能绝对确定并实际预测到的唯一一件事就是，有些我们没预测到的事将会发生。我们的目标不是也不可能是完美无误，而是持续增加我们诠释不可预测之发展的能力。

——克雷顿·克里斯汀生

史考特·安东尼

艾瑞克·罗斯

美国航空业

航空业从未遭遇过缺乏创新商业模式的窘

境，这种态势仍在持续着。而目前的话题是廉价航空公司（通常是在次级机场之间进行点对点的飞行航空公司）可能会被新引进又划算的空中计程车（air taxi）所挑战，因为后者可以用更合理的价格准确地带人们飞往想去的地方。

传统航空公司所提供的通常都远超出了部分顾客所需，而这些人只要有最基本的供给就很满足了。于是，西南航空、捷蓝航空、瑞安航空和易捷航空等廉价航空公司遂成功打入市场。这些航空公司全都采用低价商业模式，但它们在市场中能获取的利益很有限。廉价航空的确能拿下低阶市场的大饼，但始终无法在不失企业形象的情况下将运营拓展至市场其他部分。此外，市场既有者可以通过自家机票折扣来回击廉价航空的竞争威胁。这或许意味着，直到廉价航空散尽营运现金然后收手为止，产业内是没有人能赚钱的。

地区性航空公司则以小型机种穿梭于较不热门的机场间。它们在 20 世纪 90 年代迅速成长，多半选择将自己定位为国内航空支线。当地区性航空公司的机型较小时，这样的模式是没问题的。但在飞机种类和机型都增长后，地区性航空公司便能飞行更长且更有利润的航线，价钱要比市场既有者便宜得多。这表示地区性航空公司和大型航空公司日后将开始直接竞争，如同市场现有者正针对廉价航空公司所发动战争的翻版，甚至可能更激烈。

当未来航空公司陷入紧张的战争时，类似的战役也将于飞机制造商之间展开。波音和空客正在大型远程飞机的高级市场上正面交锋。这个市场的利润向来丰厚，所以两大飞机制造商对规模较小的制造商，如加拿大的庞巴迪公司和巴西航空工业公司的商业产品一直不予回应。不过这两间公司均宣布了新一代地区性飞机的生产计划，将提供超过 100 个座位、每架造价约 3000 万美元的机种。在目前由波音和空客所支配的产业中，它们都有成为破坏性创新力量的潜力。

为了回应这波攻势，波音和空客必须打造它们自己的独立事业，这些事业日后能开发并销售具竞争力的地区性飞机，同时没有像母公司那样的高额固定成本。或者，波音或空客也可以买下地区性飞机制造商，以独立事业的方式进行经营。这让波音和空客得以继续把心力摆在高端市场，同时又能攫取一些在更多地区性航空公司开始营运之后会发生的破坏性成长。

总而言之，整个航空业的未来值得玩味。倘若像是空中计程车或地区性飞机之类的任何边缘产品变得广受欢迎，那么全新价值网络或将出现且壮大。目前美国商业航空业的结构是少数既有知名制造商、大型航空公司和廉价航空公司三足鼎立，未来可能会有惊人的变化。然而唯一的问题仍旧是：是否有人会赚大钱。

关键思维

史学家关注过往，决策者关注未来。令人庆幸的是，解释过往的理论若运用得当，亦可用于洞察未来。以审慎且严谨的方式运用理论，就能在一片漆黑中燃起明灯。感谢这种方式，小贩和占卜师才能靠着三寸不烂之舌讨生活，替绝望且有所求的信徒指点迷津。同样，这种方式也正在终结那个预言的时代。这些理论让我们得以更透彻地看见未来，并用更有自信的方式掌控自己的命运。

——克雷顿·克里斯汀生
史考特·安东尼
艾瑞克·罗斯

商业航空业

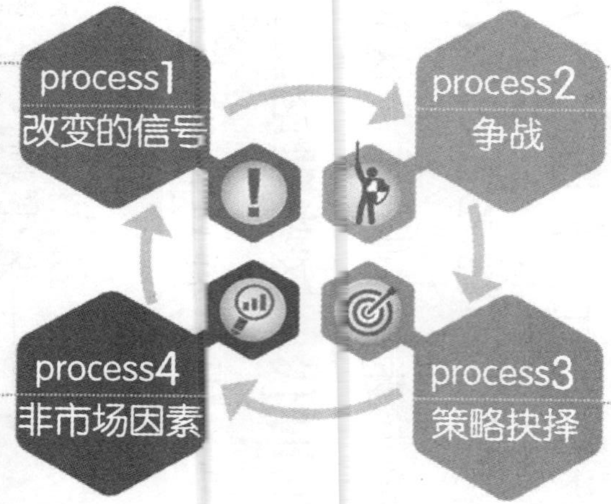

廉价航空公司正在市场的低阶端创造破坏性成长。此时，地区性航空公司亦以往返于小机场的小型飞机创造佳绩。点对点的空中计程车或许也在市场中取得了立足点。

市场既有者将票价降低至无利可图的程度，以迎战廉价航空公司。亦通过打造重叠的价值网络，企图吸纳地区性航空公司。

未来主要战役将在于，航空公司如何发展它们的价值网络以及所采行的航线结构。在航空公司所选用机种方面也可能出现破坏性创新战争。

美国航空产业至今已解除管制若干年了，现在看来也没有严肃提议要重启任何政府规范力量。而在辅助制造商方面亦有着降低额度或全面取消的压力。

你的开创型员工在哪里

The Self-Made Billionaire Effect

How Extreme Producers
Create Massive Value

原著作者简介

约翰·史维欧克拉（John Sviokla），普华永道会计师事务所全球思潮领导委员会主管。他为广大客户提供创新、策略和领导咨询。先前曾担任钻石管理及科技顾问公司的副董事长及创新总监，并在哈佛商学院执教 12 年。他也是经营论坛常出现的专题演讲者，并有大量的著作出版。毕业于哈佛大学。

米契·科亨（Mitch Cohen），普华永道会计师事务所副董事长，在该公司工作已有三十多年，其中有 22 年担任合伙人。他向世界 500 强企业客户提供咨询业务，并服务于普华永道的全球领导团队。毕业于宾夕法尼亚州立大学。

本文编译：黄玩

主要内容

主题看板

别再埋没创业型人才

许多身价破亿的创业型富翁，在创业前都曾在大公司工作。令人感到好奇的是，这些人之前的雇主为什么留不住这些杰出的人才？这是小庙难容大菩萨的必然现象，还是企业组织在选拔人才时必须克服的根本谬误呢？

把一家企业从零发展到10亿美元是令人赞叹的成就，累积超过10亿美元私人财富的个人同样令人敬佩。从1987年到现在，全世界大约有800位创业型亿万富翁，他们资产净值的成长速度比全世界经济增速快上3倍。

然而，包括史蒂夫·凯斯（Steve Case，AOL前任CEO与董事长，身价13亿美元）、马克·库班（Mark Cuban，达拉斯小牛队老板，身价30亿美元）、约翰·保罗·德约里尔（John Paul

DeJoria，自创美发品牌，身价28亿美元）等等这些身价过亿的富翁，他们在创业前都曾在大公司工作。令人感到好奇的是，这些人之前的雇主为什么留不住这些杰出的人才？为什么大公司往往无法创造出同样的新价值？

认识开创者与执行者的差异

在一段时间的访谈与调查之后，普华永道会计师事务所的约翰·史维欧克拉与米契·科亨归纳得出这些创业型亿万富翁的5项心理特质，并且发现这些特质往往直接与大部分公司看重且鼓励的员工特质相抵触，导致企业常常把有能力创造亿万财富的人才往外推。

简单来说，大多数企业的经营管理阶层比较像是“执行者”——精通于将既有的流程和产品最佳化的优秀人才。他们赢得奖项并获得表扬，通常之后也会提拔其他执行者来继承他们。相较之下，创业型亿万富翁几乎一直都是“开创者”。他们天生具有设想并整合所需资源去实现新事物然后卖给顾客的才能，顾客在还没看到产品前甚至不知道自己会想要它。关键差异在于二者的心态。执行者会尝试在既定的领域做出杰出表现，开创者却不满足于既有的目标和标准，他们会重新定义可能的做法。

加强开创者与执行者的合作

但是，在大部分企业组织中，开创型人才未必有发展空间。因为发展愈成熟的组织分工就愈细，并且总是由该部门中绩效表现最佳者掌管，我们称这些主管为执行者。执行者可能很擅长做事，但是他们最拿手的是用单一的观点来看事情。

如此一来，组织成为各部门组合而成的事业体，虽然各自运作良好，但执行者却愈来愈缺乏总揽全局的视野。纵有少数具有开创性格的人才提出独特的见解，也很难被理解，更遑论在各部门抢占资源并以绩效挂帅的氛围中，得到进一步研发的机会。

那么，这样的人才公司一定留不住吗？史

维欧克拉与科亨不以为然。甚至，他们希望通过《你的开创型员工在哪里》这本书鼓励企业组织学会如何辨识并留住这类人才。此外，他们还提供了许多建议，期许组织能培养出更多开创型员工。因为突破性的价值需要开创者和执行者一起合作，企业必须打破由执行者主导的循环，打造对开创者更友善的环境，让开创者和执行者建立良好的伙伴关系，为企业创造更大价值。

一 想法：同理想象

开创者了解顾客需求，并运用它来设想新商品和商业模式。执行者着重的则是进行逐步改善以及拓展目前的商品、商业模式和市场。

如果你看看创业型亿万富翁的故事，相同模式会一再出现：

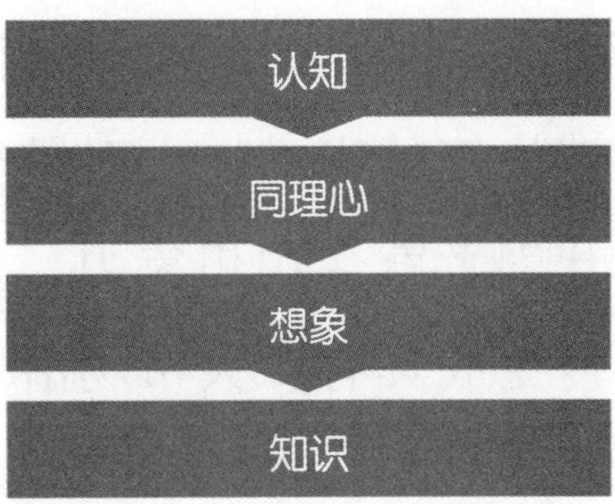

◎创业型亿万富翁通常都在某个领域或产业中工作了很长的时间，因而他们能够认识到即将开始发挥效果的新兴趋势。

◎由于对顾客的深刻同理心，他们能够看到未被满足的顾客需求。

◎接着开创者就运用想象和产业知识，产生一个具有广泛吸引力的产品或服务概念。

◎许多开创者在具备产生真正突破所需的足够知识前，都在其领域担任很多年的执行者工作。这看似不合理但却是事实。同理想象来自于实地的亲身体验。

关键思维

在改变之际有一块市场，一个即将解放的未开发且未被认知的需求。而对顾客需求有着深刻同理心的开创者就会用想象力，把出自同理心的卓越见解转变成具有广大市场潜力的杰出商业构想。出自同理心的卓越见解和想象力的双重运用，就是开创者孕育轰动构想的公式。

——约翰·史维欧克拉　米契·科亨

同理想象的实际最佳案例是瑜伽服装公司露露柠檬（Lululemon）的创办人奇普·威尔森。虽然他出生于加州，却在加拿大温哥华长大，他的爸爸在那里担任体育老师，妈妈则爱好缝纫。当奇普趁年假拜访他住在加州的祖父母时，他注意到才刚起步的冲浪狂热。他自己是大块头，痛恨当时流行的紧身冲浪短裤，因此决定做一件更长、更宽大且更宽松的短裤，给自己和朋友使用。

过去从来没有人制作过这种类型的冲浪短裤，奇普·威尔森投资了1万美元来设立自己的西海滩冲浪用品店。到最后他在美国、欧洲和日本卖出超过100万件自己品牌的冲浪短裤。他在1997年出售西海滩的店铺并寻找其他事情做。这时奇普注意到瑜伽运动正在经历相同的成长。

奇普·威尔森在1998年成立露露柠檬，从事时髦瑜伽服的零售——之前从没有人真正尝试过。该公司的营业额最终超过了10亿美元，主要是靠它时尚、舒适并具有业界首创之平缝特色的瑜伽运动裤。奇普·威尔森的经验、顾客同理心和想象力，自然而然造就了露露柠檬的成功。

关键思维

真正的开创者不会只因为构想离谱、可能性不高或难以执行就把它否决。他们有能力把想象完全概念化，这是通过毕生专业知识的精进、好奇心的培养以及为顾客同理设想而发展出来的。结果，他们便能够跳脱惯性思考模式，得到足以让价值大爆发的卓越见解。

——约翰·史维欧克拉　米契·科亨

有趣的是，创业型亿万富翁取得成功的产业和市场，大多处于激烈竞争之地而不是未开发区。很少有亿万富翁是借助新技术而成功的。他们中大部分都是为了现有市场去翻新既有产品。他们运用对顾客的了解去打造轰动产品，而不是凭借高超的技术。他们对于现状的深刻认识是种优势而非劣势。

那么若要更像是创业型亿万富翁，你能做些什么呢？

（1）练习更具有同理心——让自己对目前顾客、想服务的潜在顾客、供应商和投资者等人，养成设身处地的习惯。要善于看到他们所看到的东西，并了解当中蕴含的奥妙。

（2）要能预见未来会出现什么大事物——这通常是可合理察觉出来的。试着根据目前正在变化的形势，预测未来顾客会想要的事物。

（3）养成服务顾客的习惯——而不是只顾着你的专业能力。对今天正在形成的未来机会保持警惕。你应该围绕顾客现在和未来的需求来打造事业，不要只狭隘地想到你目前的业务。

（4）要付诸行动——尝试一些事物并观察结

果如何。如果过程中出现小小失败，就把它当做学费。别光只产生好构想，要将它付诸行动。

（5）允许每一个人练习同理想象——这会提高你发现绝佳事物的几率。

（6）创造更多机会，以便你的员工和真实的顾客互动——因为这样做可以提供给每个人珍贵的第一手经验。让大家体验作为你的顾客会是什么样子。这将找出阻碍卓越表现的烦人事物或公司政策。

（7）允许员工支配他们的构想——也就是当他们发现可以把工作做得更好的方法或可以给顾客提供更多价值的方法时，要赋予他们行动的能力和权限。让他们自己发现什么有用以及什么没有用。

（8）好奇心——为你组织所有层级的员工创造学习新事物的机会，让有经验的员工探究和目前业务没有关联的领域。

（9）创造机会，让潜在开创者能够测试他们的远大构想——面对实实在在的顾客。让他们接触市场然后看看会得到什么结果。让有进取心的人亲自测试他们的构想，这样不仅能产生高度激励效果，对他们也是一次不可思议的学习体验。

（10）整合思考和行动——换句话说就是创造强健的跨功能团队来测试新构想。确保每一支团队都拥有适当的产品开发人员、设计师、策略师、营销人员、制造大师还有财务和供应链专家，让新构想正式起跑。

（11）要多阅读，也鼓励其他人多阅读——因为阅读是亿万富翁得到新构想和灵感的最佳方式。创业型亿万富翁每天都会阅读多份报纸和杂志，这非常普遍。他们把这些阅读当成突破性构想的灵感来源。

成功的开创者是多元思考者——他们能提出新构想，同时评估这个构想该如何改善及强化。大多数企业领导人比较喜欢追求逐步改善，而开创者追求的则是突破。

开创者	执行者
同理想象 忙着了解顾客的未来需求，并设想新产品和商业模式	周遭最佳化 着重逐步改善以及现有商品的邻近市场的逐渐扩张

关键思维

灵感是存在的，但是它只会在我们努力时找上门。

——巴勃罗·毕加索，西班牙著名画家

当我们发展到一定程度时，情况会变得更有挑战性，因为我们知道流程中一些政策和过程是很有必要的。就像必要的审查措施是很重要的，但你必须确保它不会妨碍你的灵活性。我们尝试不让流程来局限我们。流程并不是产品。我们关注的是如何执行流程以完成事情。你必须拥有一些流程，但是你又不能被它们框住从而让自己的行动变得太缓慢。单个来看这些流程都是合理的，但是累积起来它们可能就成为绝佳产品的丧钟。

——乔·曼斯威托

基金研究机构“晨星”创办人

二　时间：耐心而急迫

开创者一直有所准备，所以可以在时机出现时立即抓住。执行者则会在妥善定义的下一季或下一年度的时间架构内，专注于利用既有的机会。

技巧纯熟的开创者具有无比的耐心。他们直觉地了解到，一个亿万美元的产品或服务并不是瞬间就能创造出来的，因此他们会等待合适构想的适当时机出现。在得到一个突破性构想之前，他们通常已在产业中工作了几年乃至数十年。开创者会长期投入其中。这一点和执行者明显不同，后者执着于下一季或最多下一年度的数据。

开创者会耐心等待适当市场条件的演变，但是当适当时机出现时，他们就会用急迫行动来搭配耐心。当他们判断市场即将成熟时，就会迅速把产品交到顾客手上并寻求即时反馈，如此他们就可以反复操作或在必要时转换方向。开创者用这种方式将耐心和急迫两者完美结合在一起。

这种特质的优良案例是美国在线（America Online, AOL）的创办人史蒂夫·凯斯。在20世纪70年代末，大多数人都在讨论如何让电视变成互动的，但是凯斯觉得通过网络连接起来的个人电脑，更有可能是未来的发展方向。他决定在等待网络时代来临的同时磨炼自己的技巧，并先后到宝洁和百事公司工作。

最后史蒂夫·凯斯在1985年决定创办美国在线，成为网络服务供应商。他鼓励个人电脑制造商在机器里内置调制解调器，并且和网络服务业者协商，尝试将AOL的理念转为现实。

史蒂夫·凯斯在1991年成为美国在线CEO，并努力使公司成为了美国第一家全国性网络服务业者。这个目标花了5年才达成，这段时间凯斯一直在背后静静进行着基础建设和拓宽自己的人脉关系。

关键思维

在美国在线最初的10年间我们一直都在辛苦奋斗。我过去常说，美国在线是10年孕育一夕成功。当网络在20世纪90年代中后期变得热门时，大量新员工纷纷加入美国在线，这个品牌也上了杂志封面，看起来就像美国在线不知突然从哪里冒出来，然后就成功了。但在此之前我们对它已经进行了大约10年的调整：试图让电脑内置调制解调器而不是把它当做外部设备，试图降低网络成本以使我们支付更少服务费用，试图改善软件以使得它对于主流市场更友善更具吸引力，并且试图让内容变得更有趣。成功其实建立在许多基础上。

——史蒂夫·凯斯

开创者通常会有效利用等待市场演变和基础汇集的时间。这是密集的准备期而不是闲置期。在等待运用自己构想获利的适当时机时，他们也变得更有经验，具有更多知识和更多人脉关系。这样他们就会处于有利位置，能够在机会出现时迅速决策并马上采取行动。

时间压力是当前几乎每一家企业都会面临的重大议题。所有企业都承受产出即时成果的压力。企业任一层级的员工，因时间太少却必须完成太多必要任务而变得无法招架，这已经是司空见惯。这类状况的问题是，时间压力会抑制想象力，而想象力却是产生新颖的轰动构想所必需的。

创新导向的公司了解这种情况，所以有些公司允许它们的员工花一定比例的时间（通常是

20%）探索新构想。这样做当然会有帮助，但问题是这种“自由时间”常常还是面临压力，因为它要求最后有具体成果。这种压力在相当程度上导致了专业经理人无法产生突破性构想。

关键思维

了解时间和创造力之间的关系后，我们得以洞悉我们在所见亿万富翁身上观察到的第一手特质。他们在谈话的时候专注、仔细、懂得聆听且完全投入。他们看起来远远不及大多数经营管理阶层忙碌，而且我们怀疑这种状况并非因资深而偶然发生。他们刻意保护自己的时间，排除额外事物、分心和不必要的活动，以便能够从事最重要的工作。通过极端保护自己的时间，亿万富翁得以持续培养并发展自己天生的好奇心。这使得他们有时间针对那些让自己跟未来产生联系的主题，进行广泛的阅读或沟通。

——约翰·史维欧克拉　米契·科亨

简单来说，执行者被迫活在“当下”，开创者则更加专注于未来。开创者的行动是逐步前进的，在当前业务尚未取得所有利益之前，他们并不会偏离轨道去计划未来。

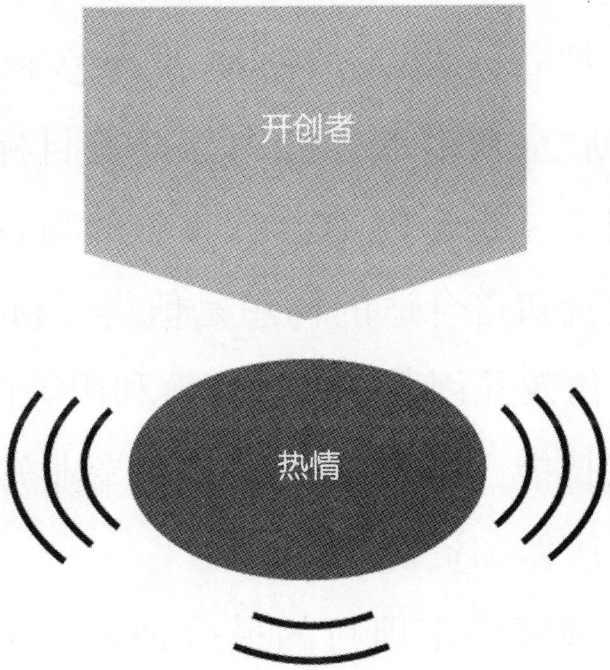

开创者抱着耐心和急迫而采取行动，主要是因为他们对于追求的构想具有信念和热情。他们的时间和心智能量只会奉献给有可能产生巨大价值的构想。他们企图打造某个可以规模化的真实事物。一旦有了自己的构想，开创者就会在最急迫和极大耐心之间取得平衡。

所以为了让员工的行动比较像是开创者而非只是执行者，你现在能够做些什么呢？一些建议如下：

（1）把每一个人的时间架构移到下一季之后——然后重新校准你的内部期待目标。清楚地表达欢迎2～5年内不会有收益的新行动。开创者直觉上就知道合适的构想是值得等待的。

（2）仿效开创者并设法有效利用等待期——如提升员工技能、发展实操经验和专业知识以及取得市场、伙伴和资源等等。

（3）理清特定项目的最合理时间架构——然后确保每个人都抱着耐心的急迫感来整合一切。

（4）建立大小适当的定期“思考时段”——让员工可以从事他们热爱的任何事物。不要追踪这些时段的成果，因为那样做有害无益。

（5）邀请员工接受挑战，注意有趣的趋势

或受欢迎的活动——然后观察那些一开始可能显得无关紧要的事物会产生什么结果。让你的最佳趋势监看员思考如果趋势以看来可能的方式发展时，这些高潜力的构想会如何。

（6）设法通过多重时间架构来沟通你的公司目标——今天的重要事物以及未来可能变得更重要的事物。允许人们在思索任何新机会时，也考虑进行中的变化。

（7）鼓励每一个人付诸行动——迅速从概念走到原型，然后让试用顾客实地测试你的产品。把你努力中的产品交到潜在顾客手中，再根据他们的建议进行改善。用真正的市场体验和顾客反馈取代目标团体和内部分析。

（8）探究你的组织搭上新兴潮流便车的方式方法——即便这些趋势和你目前的业务并不一致。尝试去尽早体验那些在未来可能具有高价值的事物。

（9）试着找出你组织中的开创者——然后提

供给他们发展构想的空间。

（10）寻找具有不同技能组合并可以和你合作的组织——借此让你占据未来趋势的前排座位。

开创者	执行者
耐心而急迫 愿意于等待期在背后进行准备，然后在时机适当时全面急速出击	近期的观点 事业管理是为了既有机会和在短期内取得最大营收

关键思维

我在30年前无法预见晨星会变成今天这个样子，甚至现在我也无法预见30年后的晨星会怎样。我只能预见未来的1～2年。我是有想到，有些事情应该要有更长远的考量。但事情就是得一步接着一步走，像跑马拉松一样。而且我总认为，如果在一种良好的成长率上增长，晨星很快就会变大。我认为我们有一个好未来。但我无法确切说明5年、10年或15年后状况会如何。我知道我们做的事对人们是有价值的。我们会持续保持专注，并秉持这个理念发展。

——乔·曼斯威托

基金研究机构“晨星”创办人

三　行动：创新的执行

面对将新产品大规模引进市场的可能，开创者会竭尽全力投入设计与重新设计，以释放最大价值。执行者则是采用较传统的模式，以有效率和有效益的方式设计新产品然后推出到市场。

当苏丹人莫·伊布拉欣着手创设后来成为Celtel公司的非洲电信公司时，一开始他就明白传统的月租价格模式无法适用于当地市场。月租费的设计实际上是为了拥有可靠薪水的人，然而在撒哈拉沙漠以南的大多数非洲国家，人们普遍十分贫穷而且收入参差不齐。

传统的电信公司把这种状况当做是一项阻碍，但是伊布拉欣看到了设计的机会。他通过协商取得了许多国家的执照，然后说服世界银行成为合伙人，借此增加他的优势。但是他的真正绝招是销售每张仅几美元的移动电话预付费卡。这种方式让那些日均生活费仅数美元的人们，能够负担得起移动电话服务。移动电话预付费卡目前在全世界已十分普遍，但是伊布拉欣才是第一个提供这种服务的人。Celtel 公司在 5 年之内就在 13 个非洲国家中拥有 600 万名顾客。

许多创业型亿万富翁可以叙述类似的故事。为了成功，他们必须解决种种难题，在许多案例中甚至得从头完全重新设计他们产品的交付、定价、包装、推销和销售方式。通过这样的操作，到最后他们能得到全世界都从来不曾见过的产品或服务，即便在高度竞争的或成熟的市场中也一样。对于开创者来说，所有的一切都可协商，而且他们会密切注意所有的相关细节。

关键思维

对于开创者来说，设计就是执行。没有对轰动市场构想的设计细节所付出的关注，他们就不太可能达成相同层级的成功。

——约翰·史维欧克拉　米契·科亨

在大多数公司，设计是传承而来或被认为是不可改变的。它立足于现有商业模式、成本、价格、流程和更多已存在于该公司或产业中的事物。因而设计上的改变都比较轻微或表面。开创者不愿接受现状且觉得可以自由重新设计，以将产品和服务方案带给大众市场。

这种状况的绝佳范例是艾利·布罗德。他在20世纪50年代注意到美国住宅的暖气供应方式正在从煤炭变成煤气。布罗德领悟到这代表房子不再需要储存煤炭的地下室。他设计了便宜的入门级住宅，不再有地下室，一楼为开放式空间，并配置标准化厨房和沐浴设备，降低了整体成本。艾利·布罗德创立KB房地产公司，在底特律地区建造更便宜的房子。

布罗德同时注意到，他那时候的住宅建筑业者的行为就像是地主——在盖房子之前会先买地，然后闲置好几年。此做法绑死了自己的资金，提高了成本。布罗德不采取这种方式。他对KB房地产公司的设计是，只需大约一个多月的时间就可跑完建筑流程。在即时生产的前提下，材料只会在需要时才送到现场。房子一完成买家就付款，紧接着KB房地产公司就把现金立即付给承包商。这代表KB房产地公司可以用比其他建筑业者更少的资金和更少的工人盖更多的房子，该公司业务因此而蒸蒸日上。

要进入一个新市场部分，传统上是采用由内而外的方式——对某个现有产品删减其功能，直到市场中较不富裕的部分能负担它为止。通过提供更少价值来让产品更便宜，是企业界长期以来一直在做的事。

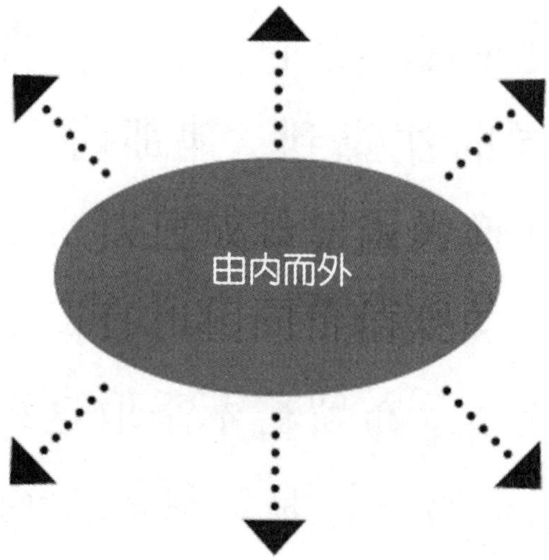

相较之下，创业型亿万富翁利用创新的执行来逆转这个公式。他们观察新的（通常也更大）顾客群的需求，然后在设计商业模式时谨记着这个特定对象。这种由外而内的方式，可以把原先认为的利基市场转变为巨大的市场机会。

运用这种方式的好范例是米奇·亚里森，他是嘉年华邮轮公司长期的 CEO 及创业型亿万富翁。他在 1979 年刚过完 30 岁生日时被任命为嘉年华 CEO，当时嘉年华拥有 3 艘邮轮，主要服务于有钱的退休人士。根据邮轮会成为家庭绝佳的主流度假方式的概念，亚里森推出了一项雄心勃勃的造船计划。

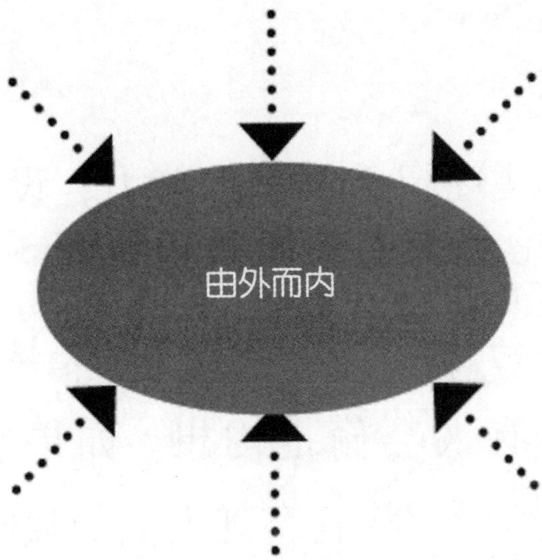

为了吸引美国西海岸市场的顾客，亚里森每周租两架 747 飞机，把人们从洛杉矶运到迈阿密搭邮轮出海。这是产业中首度提供的海空联运，这项创举让邮轮产业一举达到数十亿美元的营收规模。

创业型亿万富翁坚持设计的完整性，此一心态对他们一直都有好效果。他们相信自己的愿景和构想，接着设法凑齐必要的执行基础。换句话说，他们找到（或打造）一个方法，将自己的构想转变成顾客有能力且愿意买单的体验。

关键思维

开创者展现超乎常规的能力，设计出满足消费者需求的产品。

——约翰·史维欧克拉　米契·科亨

别担心有人会偷走构想。如果它具有原创性，你还必须费力将它塞到人们的喉咙里。

——霍华德·艾肯，电脑科学先驱

为了执行他们的轰动构想，创业型亿万富翁非常擅长把他们的方案调整得更好。他们运用创新的执行，将那些经由同理想象而建立的构想，扩张到广阔市场。要鼓励你自己的员工达成类似成就：

（1）要完整参与过程——让你最好的交易高

手参与你产品、价格结构和商业模式的设计。开创者在他们思考和行动的时候最具成效。让他们有机会同时运用这两种技能，那么成果就可能让你大吃一惊。

（2）热情采用试用计划——用一些原型把你的产品推到市场，直接和顾客接触。这种做法让开创者能够亲自执行他们擅长的创新过程。观察他们的试用计划能否让你进入一个永远想不到的全新的更大市场。

（3）招募时要注重执行面——引进曾经参与设计创新大众市场产品的人才。几乎所有开创者在推销构想上都拥有绝佳的表现，因此推销本领就是他们天生的优点，即一个好的早期指标。

（4）庆祝成功——借此表示你想要更多的成功。如果某个人通过执行创新设法完成了令人惊讶的成就，就加以宣传并使其成为你公司传说的一部分。这样做会鼓励其他正处于等待中的开创者展开行动。

开创者	执行者
创新的执行 从头重新设计一切，以此为顾客而非公司创造最高的附加价值	事先定义的执行 持续更新更好的方法，使现有流程最佳化，以此提高收益

四 风险：相对而非绝对

开创者对风险采取相对看法——他们比较自己可能的收获和坚持下去的损失，更关心错失机会而非其他，执行者则是执着于对现有顾客和资产的管理职责，试图把可能的损失降到最低。

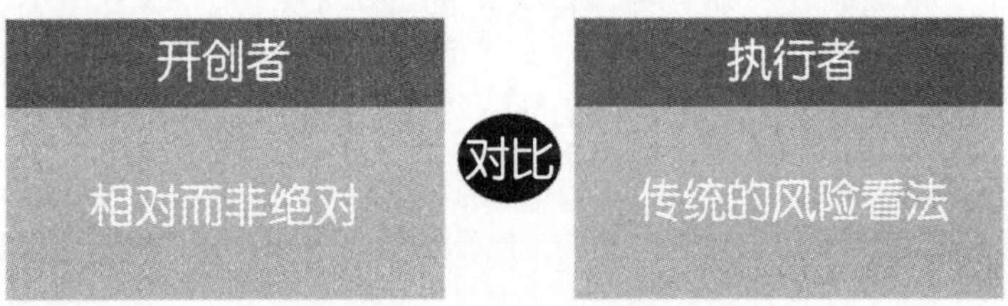

通常创业家被看做是极端的冒险者——他们冒着所有的风险开始并发展事业。所以大多数创业型亿万富翁并不承担大风险这一事实是令人惊讶的。他们对风险具有一种相对性的看法。只在可能收获远大于不进入该市场的可能损失时，他们才会承担风险。而当损失真的发生时，这些开创者拥有快速恢复的能力，可以复原后再次尝试。

关键思维

对大多数人而言，风险的主观特性让他们高估失败的风险，并低估错失收获的风险。开创者有能力将这种倾向完全改变。他们不愿意冒的险就是错失某个机会。此一动力创造了一种重要的现象：一方面承担适当类型的风险，另一方面拥有快速恢复能力可在原始计划不成功时从头开始全部再做一次。

——约翰·史维欧克拉　米契·科亨

简单说，开创者通常精于判断什么能够在未来带来价值以及什么只会带来风险。他们的心态和公司员工不同，后者用黑白分明的方式看待风险。开创者拥有足够的自信和毅力，知道当交易最后失败时，他们能回来再次尝试采用不同的策略。因此开创者全然相信自己的构想和执行能力，而这会使开创者的尝试变成某种必定应验的预言。

麦可·彭博是创业型亿万富翁风险观的好范例。彭博在39岁时被所罗门兄弟公司辞退，他在那里的经历很精彩，历任交易员、合伙人以及离开前的信息科技部主管。所罗门兄弟公司与商品交易商Phibro完成合并，接着给了彭博1000万美元的遣散费，表示不再需要他的服务。

拿着这笔钱彭博决定自己开公司，从事他唯一了解的业务。他决定建立一套系统，将各种来源的金融信息整合在一台终端机上，这样交易员就可以看到因为资料过多而被掩盖的投资机会。彭博雇用了4位所罗门前员工实行这个构想，自己也亲自参与推销。

他独自一人到美林证券的资本市场部门进行业务拜访，在那里和该部门主管碰面，推销他的新（而且未开发）产品，仿佛产品已经完成了一样。同时与会的美林证券软件主管表示他们可以在内部制作这套产品，但是无法在6个月之内开始。彭博回答说“我会在6个月之内完成，到时如果你们不喜欢它，就可以不用付钱。”这让彭博取得了合约，而他和他的团队必须奋力实现他的理想并交付产品。对彭博而言，这样的风险是可以管理的。

像麦可·彭博这样的创业型开创者，在看待任何交易涉及的风险时，通常都很清楚所谓的BATNA——也就是谈判协议最佳备案（best alternative to a negotiated agreement）。开创者比较愿意接受短期风险，条件是这样做能够提高未来产生巨大财富的几率。了解最佳备案是什么，他们就能掌握选择承担风险的相关脉络。

创业型亿万富翁还有另一种降低风险的好方法，即拥有可以依靠的副业收入来源，以此在投入高风险机会的同时，维持他们的偿债能力。例如当德州石油及天然气亿万富翁布恩·皮肯斯在

20 世纪 50 年代早期离开菲立普石油公司的时候，他的副业是每天 75 美元的井场咨询服务。这是相当要求体力的工作，但在他尝试创立自己公司的时候，能让他的家庭三餐无虞。

布恩·皮肯斯以两位合伙人的资金设立了梅萨石油公司。梅萨购买租约以勘探原油，幸运的是它的产量相当好。这使得梅萨能够购买更多租约，公司也得以持续成长，皮肯斯发觉，如果想要更快速的成长，该公司则需要更多资金。皮肯斯在 20 世纪 60 年代中期让梅萨上市，借此收购他一位合伙人的股权，并让公司在未来成长中处于有利位置。

为了真正加速梅萨的成长，皮肯斯决定尝试购买资产被低估的公司。他把目标放在休果顿生产公司，它的规模是梅萨的 20 倍，并且拥有开采堪萨斯州境内的美国最大天然气油田的权利。休果顿的经理人不接受皮肯斯的提议，但是梅萨向休果顿股东提议，他们出售的每 1 股休果顿股份，皆可换取1.8股梅萨石油股份，终于取得了休果顿30%的股权。

30年后，皮肯斯和梅萨石油公司董事会发生争执，他们毫不客气地把他踢出门。皮肯斯从梅萨带走5名员工和1张桌子，建立了名为布恩皮肯斯资本的新公司。他尝试集资1亿美元从事原油和天然气的商品交易，但是只募得了3700万。虽然如此，他仍然开始了他的事业，并且在几年之内，就让布恩皮肯斯资本的资产从3700万美元减少到270万。

皮肯斯相信天然气是发展方向，于是他在2000年把布恩皮肯斯资本的270万美元投资在天然气的未来上。那一年天然气市场价格暴涨，使布恩皮肯斯资本的270万投资在12个月内成长到2.5亿美元。皮肯斯将2.22亿美元分给他的原始投资者，接着展开第二波募资，这使他得以迈向亿万富翁之路。

关键思维

过去有难过的日子、糟糕的日子和可怕的日子，那些全部都出现过，但是它们好像都逐渐消失在过去，然后你记得的就只有好日子而没有那些坏日子。我做的事终究对我是有用的。

——布恩·皮肯斯，企业大亨

在开始时我从来不曾感觉到危险。在某种程度上我知道自己可以搞定它，因为最糟糕的状况不过是让我的父母收留我。我从来不觉得自己是在进行一场冒险：它没有花很多资金，我还没结婚，没有家庭也没有贷款。担心事情不成功的风险对我而言是不需要的。我想的比较多的是如何让公司茁壮成长。我是个建设者。我相信这些风险都是可以管理的。

——乔·曼斯威托

基金研究机构“晨星”创办人

新创企业家只有两种合理的资金来源：你自

己的口袋和你顾客的口袋。

——马克·库班，MicroSolutions 创办人

当事情最糟糕时，你要寻找正面之处。没有任何事情是直线进行的。你总会在某个时候真正遇到一个重大问题——有什么事确实出了差错。你必须找出正面事物在何处。

——史蒂芬·罗斯，房地产开发商

你可以尝试并失败一百次，但是你只要做对一次就足够了。

——马克·库班，MicroSolutions 创办人

毫不令人惊奇的是，创业型亿万富翁具有快速恢复能力。开创者不会被早期的失败击倒而退出赛局。他们只会更硬朗且更强壮地回来再次参赛。他们也具有自信心，相信自己所经历的一切将会教导他们在下一次如何成功。

为了鼓励你自己组织内的人员像开创者般看待风险，你可以尝试做的一些事如下：

（1）允许员工承担风险——让他们开设一项新业务，迁移到新地点从新开始设立一间办公室，或是派他们探究新兴领域。未来的开创者会因挑战而成长，完全不会觉得这是在冒险。

（2）挑战你的人才——让未来的开创者承担项目或角色，以明确拓展他们的技能。挑战他们，使其成长到足以适任该角色并取得成功。当人们被放在有挑战性的角色位置时，每个人都会觉得他的风险承受度提高了。

（3）把风险承受度融入你的文化——确保每一个人都能够独立权衡形势的优缺点。你对风险的主要性质讨论得愈多，对该主题的畏惧就会愈少。

（4）质疑你对于风险的假设——询问为何我们用现在这种方式思考。要知道，对行动计划的共识愈高，那么你追求的事物就愈可能只具有渐增的价值。突破性的构想总会遭遇内部阻力。这取决于你是否是个愿意追求让大家紧张的局势扭转者。

（5）让员工思考“假设及结果”——意即假设我们进行新尝试并得到绝佳成品，将会有什么结果。假设不可能的事真发生了，将会有什么结果？假设我们成功了，将会有什么结果？要让员工思考其可能性而不是陷入恐惧。

（6）招募开创者——能够进行同理想象、耐心而急迫、创新的执行并且对风险采取相对看法的人。雇用并提拔这种员工，让他们为其他人种下世界观。

（7）鼓励大家对失败采取学习心态——把它当做实地测试事物有效或无效的最佳方法。考虑举办研讨会，让大家公开讨论失败和从中学到的东西。专注在学到的东西而不是结果上。

开创者	执行者
相对而非绝对 评估你可能的收获和不采取行动的可能损失	传统的风险看法 坚守之前做过的事并且完全不改变，以避免过多风险

关键思维

管理的关键首要任务就是区别需要执行者的机会和需要开创者的机会。经营团队如果雇用更多开创者并且一致决定支持他们，就比较有可能达到完成突破所需的人才平衡。市场会提供极端报酬：当拥有极端开创者的时候，价值就会流向那些比其他人更会滋养这群人才的领导者。

——约翰·史维欧克拉　米契·科亨

我们已经比大多数人都更成功，这并不是因为我们的投资能力，而是因为我们擅长全身心投入并建立客观的指标，然后当无法达成这些里程碑时，我们能够转向到不同目标。这样做确实很困难，因为当错失目标时，没有人想要转向——每一个人都不相信你会发现一个各方面都更好的版本。

——艾瑞克·烈夫科夫斯基

酷朋团购共同创办人

五　领导：和执行者组成团队

到最后开创者总是和执行者组成团队，由执行者在幕后实现正确任务。他们和其信任的执行者之间的关系，可以称为共生关系。相较之下，执行者所关注的是尝试培养具有管理高效能团队能力的杰出领导人。

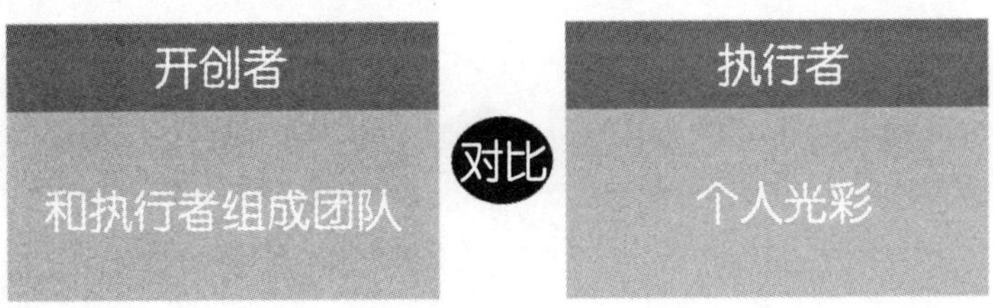

关键思维

事实是亿万富翁绝不孤单。亿万价值的创造需要两种人：将分歧的构想和资源整合成轰动概念和创新事业设计的开创者才能，以及对事业成功所需细节予以贯彻实践的执行者才能。任一方都需要另一方才可建立能创造巨大价值的舞台。

——约翰·史维欧克拉　米契·科亨

开创者非常擅长产出突破性的构想，但他们几乎总是需要实在的执行者来创造出实现突破所需的必要元素。事实上大多数“创业型”亿万富翁只是稳固的“开创者—执行者”伙伴关系中的一半。这种长期伙伴关系会带出他们二者的最佳部分，并且让巨大价值的创造变得可能。

在这些伙伴关系类型中，开创者通常发掘市场的重大需求并创造产品的原始设计。接着执行者就忙着备妥工作生产、营销和其他要素，以履行该构想的整体承诺。开创者激发构想，执行者予以实现。

关键思维

企业每一天都会面临创新解决方案的新问题。这些解决方案需要对公司面临的真正风险有着不同的观点，在结果逐步浮现时需要伴随耐心的迫切行动，它源于同理想象和创新的执行，还需要企业做一些之前从来不曾做过的事。这些都是开创者能够看到的解决方案，也是“开创者－执行者”伙伴关系可通过领导伙伴模式而予以实行的解决方案。

——约翰·史维欧克拉　米契·科亨

那么你可以在自己组织中做些什么来尝试创造良好的“开创者－执行者”伙伴关系呢？一些想法如下：

（1）辨识出技能看似互补的员工——然后设法让他们一起处理新项目。对有效的合作要予以鼓励。

（2）提拔你的开创者——让他们担任资深职位，并产出有想象力的解决方案。让开创者负责大型的新行动，并注意他们用来实现任务的是哪些人。

（3）主动把你的最佳执行者和正在冒出的开创者配对——然后观察他们的关系如何演变。如果你发现有用的组合，就扩大他们的规模。

（4）进行一些“催化雇用”——招募一些开创者，让他们努力创造巨大价值。

（5）移除障碍——让“开创者－执行者”伙伴关系能够提升到下一执行层面。给他们在未来一起表现和成长的机会。

（6）要改变文化——如果长期以来你都在奖励执行者而非开创者，你就特别需要改变。庆祝开创者的成功，并且把他们铭记于公司的历史中。清楚表达出你欢迎开创者和执行者结合在一起的伙伴关系。

（7）建立你的开创者资源库——通过内部有

机培养、催化雇用、生产伙伴关系以及合并和收购。确保你的组织对开创者确实是友善的，而且杰出人才有适当的机会可以发光发热。执行者只会招募其他执行者，所以你可能需要雇用不同的人才以引进新的开创者技能。让他们能够轻易地和那些让他们路途顺畅的内部行家组成团队。

（8）要特别注意谁有权对正在冒出的开创者说不——因为开创者的构想大多数在一开始就会被认为“离经叛道”。领导人必须用正当理由包装开创者的非传统行动，否则开创者就会被迫到其他地方创造极端价值。尽一切可能将开创者安插在组织的高级职位上。

（9）拥抱新构想——且消除你尝试新事物但并未成功的那种耻辱。对开创者而言，失败是创造极端价值时不可避免的障碍。不要惩罚追求激进新构想而失败的人。持续专注地向前迈进，不要分心走岔路。

开创者	执行者
和执行者组成团队 和内部行家结合成伙伴，由他们接手绝佳的构想并彻底且专业地加以实现	个人光彩 突破只是个人的成果

会员经济

The Membership Economy

Find Your Superuser, Master the Forever Transaction, and Build Recurring Revenue

原著作者简介

萝比·凯尔曼·巴克斯特（Robbie Kellman Baxter），半岛策略公司创办人。她曾为20种产业的客户提供咨询，包括：Netflix、SurveyMonkey及Yahoo!。在成立半岛策略公司之前，她曾在管理与技术顾问公司博思艾伦汉米尔顿任职，提供咨询，也担任过硅谷一家公司的营销人员。她是杰出的公开演说家，且在《华尔街日报》、《纽约时报》及《消费者报导》上发表过文章。毕业于哈佛学院和斯坦福商学研究所。

本文编译：叶心岚

主要内容

主题看板

会员经济时代

实行会员制不稀奇，引爆会员经济才够力。如果你的产品或服务适合通过会员关系带动的模式，现在就加入会员经济吧！因为，你知道你要追求的不是大笔生意，而是持续不断的成长和获利。

面对今日的商业环境，竞争力不能只靠单个网站或产品支撑。企业界许多重量级厂商——像是苹果、亚马逊以及几乎每家大型新创公司，现在都在忙着改变商业模式，从销售个别产品转变为能一直带来持续性收益的会员制。

这是会员经济兴起的征兆。最聪明、最成功的公司会尽力使用会员模式，并采取各种灵活的订阅方式及免费活动来培养它的顾客群，进一步提升它的市场价值。无论你是资源有限的中小企业、一直采用传统商业模式的老企业，或是急着想赚到第一桶金的新创公司，加入会员经济正是时候。

何谓“会员经济”

那么何谓“会员经济”？会员制不是很早就存在了吗？没错，单纯的会员制是指顾客和组织建立持续的关系或成立某个团体，这是早就存在的模式。但是在会员经济下，组织必须将顾客关系置于商业模式的中心，而不是产品、顾客体验或一次性的销售交易。

今天，社交媒体和其他科技方法的兴起，不仅让顾客比过去更容易和你的组织建立关系，会员之间也得以产生更紧密的互动。如果能让这些会员为其他顾客体验做出正面贡献，你将比仅仅扮演产品或服务供应商角色的公司拥有更强大的竞争优势。

全新的会员制时代

过去，我们在乎顾客的终身价值，但总是停

留在计算取得顾客的成本上。在会员经济下，你可以也应该积极地促成永久销售。首先，你得更善于利用各种社交媒体工具及网络技术，建立顾客会喜爱的网上社区，并且开发更有意义的顾客忠诚计划。

许多公司在初期为了扩大会员人数，会采取免费模式，然后期待免费用户未来会变成超级用户。然而，巴克斯特在书中特别提醒，免费模式只能当做营销战术，不可以变成持续经营的企业战略。如果操作不慎，很可能永远无法说服免费会员升级成为付费会员。

会员经济的最终理想是打造自行产生的营收以及不断成长的会员获利。听起来实在是再美妙不过了，但是就像前面所提，会员经济必须将顾客关系置于商业模式的中心，这也意味着你的产品和服务、定价或定位都可能影响你和顾客的关系，但却不是核心。

或者，你得先忘掉永久销售，更认真地思考

如何和顾客建立永久关系。想想，有一群人将依靠你取得解决问题的方法，而且他们也会乐意向你提供意见，因为你将加入的是一个全新的、更像学习性组织的会员制时代，这也是会员经济的利基所在。

一　会员经济究竟是什么

会员经济是指组织通过和顾客建立长期的关系，打造以持续性收益为中心的企业。这是指赢得顾客的心和代言，而不是将每次购买视为一次性事件。

会员制不是新点子，它早就经常以各种形式出现在我们周遭。不同的是，现在消费者开始表现出支付会费的意愿，前提是付费可以让他们和志同道合的人建立关系，帮助他们做好更多事情。

几项造成重大改革的商业趋势，带动了这种想和其他人建立关系的浪潮：

◎通过设备随时随地上网成为可能，特别是移动电话。

◎资料储存与处理的成本巨幅降低——让公司能够以很低的价格给顾客提供服务。

◎面对面往来的社交媒体式微，虚拟社交媒体取而代之。

◎新闻提供者、照片分享网站、影片分享服务等等随手可得。

会员经济正快速成长，因为即使面对科技进步，人们仍然拥有和相同价值观的人互相往来的深切需求。会员经济帮助人们建立能满足这些需求的真实关系，因此而获得成长能量。

多数会员制企业收取会费。会费差异很大。收到的资金会用来支付基础建设以及额外素材和内容。如果没有持续收取会费，这种商业模式就比较偏向于分享经济，而不是会员经济。分享也很重要，但它只是整体会员经济的次要部分。

过去，经济的运作大多以所有权为原则。公司和消费者购买并拥有资产，因此可以依喜好自由运用。所有权很好，但总会附带责任和成本。会员制则提议，与其拥有只是偶尔使用的东西，不如在需要时通过租用取得。

经济的钟摆现在正从所有权摆动到会员制。太多压力的重担让人们感到愈来愈受挫，人们逐渐开始寻找有意义的人际关系和社群意识。会员基础的企业可以提供给他们想要的东西。

最近发生在数十种不同产业内的会员经济成长，主要受到3大优势带动：

（1）会员商业模式创造持续性收益——会员制经常被描述为企业的“圣杯”。它也消除了季节因素引起的收益起伏。

（2）会员制建立直接关系——最终将强化品牌。通过将顾客放在中心，提高了顾客忠诚度，降低了出现竞争威胁的可能性。

（3）会员制创造不间断的资料流——公司可利用资料流改善产品和服务，发现提高顾客满意度的机会。会员制组织是学习性的组织，实际也证明如此。

虽然会员制组织可能以各种不同风格或形式呈现，但其实最常用到的只有6种基本类型：

所有权经济	会员经济
公司聚焦于交易大小和规模经济	公司聚焦于终身顾客价值和顾客保留
交叉销售以增加收益	提供多层级价值和选购的附加品
赠送免费样品以达成销售	提供免费试用品及先免费后收费的附加品
控制	弹性
最低网络效应	重大网络效应
基于成本的定价	基于价值的定价
定期的大型发表会和新产品上市	每个人都预期持续创新
一次性的交易	永久关系
私有	分享

（1）数字订阅——会员定期付费取得内容、特殊功能、服务等。可采用“先免后费”（freemium）模式，即部分会员免费，部分会员则付费取得额外附加产品。例如 Netflix、Dropbox 等。

（2）网上社区——会员付费和志同道合的人互动。例如 LinkedIn、脸书等。

（3）忠诚计划——会员因为经常持续地投入和消费而获得奖励。例如星巴克、凯萨娱乐公司、航空公司飞行常旅客计划等。

（4）传统会员制组织——像是美国运通提供给持卡人的各种服务或体重管理公司提供给会员的服务。

（5）小型企业及顾问公司——可提供给会员持续的服务。例如百万顾问艾伦威斯公司及凯普勒书店。

（6）非营利组织、专业协会及商会——通常将盈余收入再投入项目，而不是当做股利分配给股东。例如塞拉俱乐部、美国退休协会、专业照片整理协会等。

关键思维

我非常确信，会员经济将如同工业革命或汽车普及一样，给社会带来深远影响。今天会员经济的成功希望更胜以往。日新月异的科技已经大幅提升了众多产业利用会员模式的能力。顾客和组织建立的是持续不断的正式关系，一种影响组织上下的“永久交易”正改变所有一切。

——萝比·凯尔曼·巴克斯特

二　会员经济的战略和战术

为了加入会员经济，有 7 项战略你必须知道并且有效运用。

1. 打造对的组织

若要在会员经济中脱颖而出，你必须改变你的文化和态度，而不是只改变营销战术。要发展成功的以会员为基础的组织，你必须找到合适的人一起工作，并优先考量正确的价值。

具体来说，如果要建立会员制组织，你就

得改变营销方法。留住会员远比获得新会员更重要，因此你必须不断制造更好的新东西，吸引会员留下来。你要创造长期满意的用户，就必须根据此理想来校准整个组织，而不是尽可能多地达成一次性交易。

会员营销方法必须诚实，因为你要维持的是相互间的长期关系。许多会员制组织不只拥有顾客服务部门，还拥有专门协助会员卓越超群的顾客成功部门。

最适于会员经济的组织模式是由会员关系带动的。你要追求的不是大笔生意，而是长时间的播种和销售额的增加。同时你也必须拥有大量的双向沟通。

许多会员制组织将信息科技和运营外包，这样才能集中心力让会员满意。你必须让第一线人员有能力去协助会员完成手中工作。

杰出的会员制组织总是根据会员表达的希望和需要来持续改进产品或服务。创新是持续不间断的，因为不能把取得会员视为理所当然。如果你的心态是每一天都会争取现有顾客的支持，然后找出更好的新方法来帮助他们获得更多成就，那么会员模式就非常适合你。

顾客和公司之间关系的基础在于用令人满意的价值交换公平价格。为了长时间留住会员，你必须不断寻找能改善会员状况、传递更多价值的新方法。这就是为什么你总是要密切注意有助于达成此目标的创新事物和崭新技术的原因。你必须持续投资你的社群，做有创意的改进，以此来留住长期会员。

2. 开发好用的顾客取得漏斗

多数公司有销售取得漏斗，以此来取得新顾客。在会员经济下，使销售漏斗效果最佳化的最好方法就是吸引和留住最忠诚的会员，让他们在未来帮助你吸引更多会员。

利用忠诚会员，精心制作会对其他人产生吸引力的信息，并确认最有效的渠道，这样你

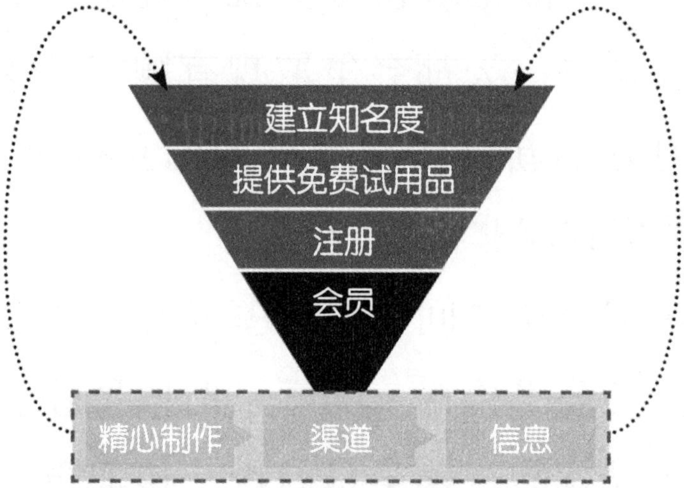

就能随着时间而修正和改善营销方法。这不是只做一次就结束的事情，你应该一遍又一遍重复这个循环。

利用这种由下而上漏斗法吸引及招收会员的最大优点就是，你能精确追踪漏斗每一层的转换率，并持续调整以提高转换率。你能查出问题所在，并利用现有会员的想法和意见加以解决。

由下而上打造有效的顾客取得漏斗是个非常理想的有用方法。你也可以找出更好的新方法，在每个步骤中提供即时价值，以便奖励那些将带来未来成功期望的行为。

3. 整合有效的新手上路引导

若要强化会员制组织并使它成长，你需要健全的引导计划，让新会员快速有效地获得对组织的全盘了解。如果你能办到这一点，他们就会对你的组织投入更多心力。

若要让新会员养成经常在会员网站驻足的习惯，可采取 3 个步骤：

（1）消除障碍——让新会员感到受欢迎，尽可能让你提供的产品或服务使用起来更简单容易。

（2）提供即时价值——这样新会员才会觉得加入会员还不错。最好立刻询问他们的反馈意见，并点出你优于其他人的强项。

（3）开始提供奖励——这将鼓励你所期望的行为。例如：推荐新会员、个性化顾客体验以满足他们的喜好、提供给他们使用者小秘诀，好让使用体验更完美等。记得要常沟通。

新会员引导的真正目的是为新进者打好基

础，让他们能够转变成你产品和服务的“超级用户”。超级用户就是花大量时间使用你的产品和服务，同时会加入社群帮助其他人的会员。超级用户吸引新会员，跟他们建立关系，然后协助他们迈出第一步，所以你能培养的超级用户愈多愈好。

关键思维

超级用户是许多会员经济公司的飞轮。他们负责引起病毒效应、创造内容以及相互支持与分享。此外，通过细心培养超级用户，企业可以提升自己的价值。

——萝比·凯尔曼·巴克斯特

4. 提供简单而有弹性的定价

打造会员基础的关键优势之一就是持续性收益。会员商业模式通常让总收益的波动起伏变小，而且大幅提升可预测性。

会员制企业的 7 大潜在收益来源包括：

（1）会费——向会员收取为他们创造价值的费用。聪明企业通常提供 3 等级会费方案，供人们选择。

（2）菜单式单点服务——会员为所需的一次性服务支付费用。

（3）辅助产品——可自由购买的用于加强持续服务的产品。

（4）伙伴收益——你跟伙伴公司分享收益，以此交换会员推荐或交叉营销机会。

（5）聚合分析——将调查结果的资料、会员信息甚至会员行为资料出售给大数据处理厂商。

（6）广告——向广告主提供接触你受众的机会，以此收取费用或佣金。

（7）免费产品和服务——适当利用此方式，可产生出乎意料的收益。

许多研究显示，太多定价选择会让人们感到困扰。大多数会员商业模式最后都采用 3 等级定价，其中大部分会员会选择中间定价。你可以根据用量、所提供的价值、有效期、功能以及服务层级来定价。

除非“不溯及既往”并让现有会员继续适用旧价格，不然日后很难调涨价格。你必须小心，不要跟采用赔本定价法的竞争对手竞价，他们会把竞争产品赔本卖，然后从别的地方赚钱。不管你怎么做，一定要维持简单定价——这是正确定价的必要条件。

5. 把“免费”当战术而不是战略

在许多会员商业模式中，固定成本很高，但新增会员的变动成本几乎等于零。这开启了一连串“免费”的机会——免费试用、免费内容、买就送免费赠品、免费升级、听产品推销就送免费餐点、升到更高忠诚会员等级送免费商品等等。

务必记住“免费”不是持续经营的企业战略，而是营销战术。你可以利用免费引起兴趣及达到临界规模，但不要忘记迟早有人必须为某样东西付费的事实，否则你将无法继续开门营业。免费应该是支撑企业其他获利产品线的成长引擎，而不是最终目的和结果。

许多成功的数码公司采用先免后费法——他们无限期免费提供简化版，这样当使用者升级为豪华版时就能赚钱。此方法有效的真正关键在于，你必须提供足以明显胜过免费商品的价值，然后提供强大的诱因或附加价值，才能鼓励免费用户升级到功能更强大的付费版本。这当中的过与不及很难把握。

同时要注意的是，对有的商品来说，免费根本派不上用场。如果有人向你提供“免费大脑手术，同时也让外科医生精进他的手艺”，这可不是太吸引人的商品。或者在使用免费提供的商品前，可能需要很多设定步骤，这样的免费也意义不大。同样你也不会想为了赶上免费热潮就拆解你主要的产品和服务。厂商会利用各种方法做实验，但如果免费不适合你，你也不必忧心。

6. 追踪会员资料并善加利用

科技是会员经济的重要推手。如果你希望在这一行超越其他对手，你可以而且应该现在就利用科技来打造你和会员之间的稳定关系，追踪他们想要什么。

至少你应该利用科技去：

（1）使营销自动化——这样才能追踪哪些方法有用、哪些方法无效。例如 Marketo、Hubspot 等。

（2）掌握顾客管理——这样才能不断逐渐增加更多你会员想要的东西。例如 RightNow、Act-On、Salesforce.com 等。

（3）处理顾客账单——这样才有更多时间思考如何为会员提供附加价值的服务。例如 Vindicia、Zuora 等。

（4）经营会员社群——这样会员才能彼此沟通，因此变得愈来愈投入。许多企业一开始是采用 LinkedIn、Pinterest 或脸书，但 Jive 或 Lithium 可能更适合，因为随着社群成长，这些网站会提供给你更多的控制权。

（5）推动忠诚计划——通过忠诚计划追踪会员行为，并且提供报偿和奖励。例如 Belly、Punchcard 等。

（6）追踪主要的顾客成功指标——这样才能增加参与感，而且有精彩的成功故事可用在营销上。例如 Gainsight、Preact、Totango 等。

会员经济提供来源丰富的有用会员资料，可通过各式各样的有效方法加以运用。挑战在于，只有拥有适当工具，才能发挥资料的最大用处。科技随手可得，你只要适当利用。

关键思维

因为成立新公司的成本愈来愈低，导致取得新顾客的成本高到爆表，因此留住顾客比过去任何时候都要来得重要。

——麦可·杰勒，Preact 软件公司 CEO

7. 留下好会员，让其他人离开

这听起来或许有违常理，但有时候会员制企业的最佳成长方法就是让最差的会员离开。如果这么做，你就能有更多时间和精力专注培养想要永远持续服务的那种会员的忠诚度。

所以你要如何培养和提高会员忠诚度？以下是一些点子：

（1）加入会员方式要简单——立刻提供价值，并且付款过程要顺畅。注意新会员的上路过程。

（2）强调个人专属——要求会员逐渐增加和你的联系，以此获得附加价值。

（3）将会员联结到其他人——让他们彼此建立关系。让现有会员帮忙创造营销资产以便用来吸引新会员加入，这是理想的境界，许多会员制企业都已经做到这一点。

（4）不要在免费试用上耍花样——如果试用期结束后会自动向用户收费，必须提醒用户可以取消服务。要公开透明。

（5）注册程序要简单——并且限制选项数量。3个还算合理。

（6）简化定价——像是“多2美元就没有使用限制”之类的句子。你会发现，提供给会员简化过的升级选项，将增加你管理会员的复杂度，但对会员来说是值得的。

（7）让体验个人化——根据你所知道的该会员行为和喜好。

如果你的顾客流失率很高，你就要调查人们离开的原因，这样才能知道将来要解决什么问题。务必让退出程序简单而清楚，但要利用问卷调查确认，要做什么才能照顾到那些离开的人，并让他们重新加入会员。显而易见，你拥有的会员愈多，持续性收益就会愈高，因此投入时间和精力来这么做是有意义的。

三　会员制组织的样式和大小

会员经济组织有各种不同的样式和大小，各有各的优缺点。若要找出最适合你的是哪一种——即使最后是不同模式的混合体，你都需要研究和实验。一体适用的选项并不存在。

最近几年有6种类型的组织在会员经济中蓬勃发展。你应该研究每一种商业模式的优点，找出可用来打造成功会员制组织的线索。

1. 数字订阅

当你分析采用订阅商业模式的成功网络公司时——成立之初就是数码公司的 SurveyMonkey 或 Egnyte 是不错的例子，你会发现几项明显的共同点：

（1）它们有阶梯式的订阅等级，这样不但能对初期顾客信守承诺，同时也能为愿意付更多钱的顾客增加功能和价值。

（2）它们通常不做大型发布会，而是经常不断地改进和微调其产品和服务，甚至是每天进行。

（3）它们对于服务的设计，是为了使服务能和会员的每日例行工作结合。通过此方式，它们希望打造持续不间断的关系，而不只满足于一次性交易。

（4）它们通常先以服务单一特定市场起步，然后随着组织成长，逐渐扩大规模并扩展到更多市场。

（5）它们发现多数订户偏爱每年订阅的便利性，不喜欢琐碎扰人的每月续订方式。

数字订阅成功的真正关键在于，提供的价值比订户期望的更多。超越订户的期望，并且持续创新，你就让订户有继续留下来的理由。如果不这么做，顾客流失将成为一大问题。

2. 网上社区

网上社区是会员经济中很有趣的一部分，因为没有任何“产品”之类的东西存在。你希望通过给人们提供对社群本身的使用以及社区内其他会员创造的内容来获利。此种模式的完美例子是LinkedIn、Pinterest及Match.com。

想一想，带动此类会员经济发展的其实是想成为名人的欲望。人们想要被联结，想要认识其他人，而且想要获得认同。网络可以让人更快速地分享、参与及建立关系，而且方法很多。人们加入社区，好让他们能更快地达成目标。

了解这些之后，如果你想打造有趣而充满活力的网上社区，你要：

（1）促进你和会员之间持续不断的双向对话。

（2）让会员彼此互动而创造出价值。

（3）做好长期准备。预期那些满意的会员将永远留下，持续投入。

（4）了解到会员对于归属感、友谊及社区意识的需求可以在网络世界获得满足这一事实。

（5）让会员对社区的归属感更有趣轻松，而且若有可能就将其视觉化。

（6）提供完整而迷人的初始体验。

（7）利用收集的资料创造更个人化的体验。

（8）试着创造一种网络效应，亦即加入的人愈多，你的社区对每个人来说就会变得更有价值。

打造强大的社区，可能有点像“先有鸡还是先有蛋”。你或许会试着从完全聚焦于单一关键优势起步，然后再从这里成长扩大。为了到达会员的临界规模，付费给早期用户或者和其他组织建立伙伴关系，或许也值得一做。先打造你的社区，再通过制作能满足你最热情用户的任何要求的产品来赚钱。让最投入的用户带领你前行。

3. 忠诚计划

忠诚计划为交易型公司提供了加入会员经济的极佳方法。研究显示，忠诚会员对价格较不敏感，对追加销售则抱有更开放的态度，而且和非忠诚会员相比，前者向其他人推荐的可能性高出70%。

忠诚计划成功的关键之一就是追踪会员，这样你才知道如何让计划转型，不再将其视为一种营销战术。你必须把顾客关系放在中心，再据此打造数字忠诚计划。像星巴克、凯萨娱乐和Punchcard等公司都在忠诚计划方面有特别杰出的表现。

若要有效利用忠诚计划，你要：

（1）追踪一切——然后利用追踪资料在将来提供个性化的体验。

（2）有创意。星巴克利用礼物卡吸引人们加入忠诚计划，然后会员可以通过在卡片储值购买商品。Punchcard让用户可以从他们光顾的任何餐厅收集点数。要持续创新，因为竞争对手会模仿你的做法。

（3）立即提供新会员优惠，即使在他们表现出足够的忠诚度之前也要这么做。

（4）把会员关系放在每样事物的中心。你的一举一动必须符合品牌承诺。

（5）抱着你想向会员提供金钱买不到的最好东西的心态，为你的最佳会员提供独一无二的体验。消除障碍或让他们接触到其他地方碰不到的人。要让他们连声赞叹。

（6）谨慎思考你想要奖励的是哪种行为，而且在有必要时重来一遍。尝试引人瞩目的新招式。

（7）寻找你有能力提供但竞争对手无法提供或难以匹敌的东西。以你独一无二的能力为基础，向你的会员提供独家体验。

（8）真诚、忠实，并且打造一些特别的东西。

4. 传统公司

网络公司崛起前，大型企业已经在有效利用会员计划。美国运通在 1958 年就提出“持卡人独享尊荣”。后起之秀 T-Mobile 在 2011 年引进简化的每月移动设备合约，并以此取代业界标准的两年合约时，引起非常广大的反响。

从这些老手身上，你能学到什么？

（1）它们已经历久不衰，所以比起官僚规则或是竞争，它们更关心会员的需求、挫折和满意度。要贴近你的会员，专注于他们真正想要的。

（2）乐意走上和竞争对手不一样的道路。

（3）维持相同的信息，但随时注意更新、更好的传递信息的方法。

（4）当你开发新产品时，要从会员的角度来看。确定你已了解这些新产品将为会员提供怎样的服务。

（5）对于能提供更新、更丰富顾客体验的能力不要吝于投资。

（6）回应顾客的要求，而不是做表面功夫。

（7）简化你的定价。

（8）让会员的问题成为你组织的问题——并且提供实际可行的解决方案。

（9）投资于持续改良。

（10）进行一些小实验，看你是否能找出利用现有科技将价值传递给会员的新方法。

（11）让用户体验维持简单——即使这代表你的后台系统必须更复杂。

（12）多思考长期的企业趋势，少从短期观点为每样事物找理由。

5. 小型企业

小型企业有弹性而且重视个人价值。当你没有深口袋时，这种类型可以提供一些利用会员经济潜在利益的绝佳点子。小规模甚至可能成为竞争优势——因为这意味着你能锁定某个特定人群不断改变的需求。

小公司和顾客之间存在私人交情，这是大公司难以匹敌的。对小型企业来说，秘诀在于找到无缝结合网络和实体通路的方法，并因此获利。结论是——公司不必大，你也能利用会员经济的力量。

给小型企业的一些建议：

（1）把有私人交情的最佳顾客摆在中心，打造你的会员计划。创造他们喜爱的体验，再开放给和他们志同道合的人。

（2）将你的流程转变为产品，并且对外授权。备妥训练人员和导师，向会员教授你提供的内容。

（3）当某地区会员达到临界规模时，举办一些会员亲自参与的活动。把这些活动办得令人难忘且充满乐趣。

（4）考虑以“研究所”或“学习实验室”为名来建构你的会员计划。会员喜欢参与新点子的测试。

（5）拥有崇高的使命感。说明这个世界为何会因你的努力而变得更美好。

（6）善用你的小规模和即时性，为顾客提供一种大企业比不上的个性化体验。将你的劣势转变为优势。

（7）提供和重要且有影响力人士接触的独一

无二的机会。

（8）提供顾问团服务，让会员可以和你私下碰面。

（9）定期举办网络研讨会，邀请每个人参加。让非会员付小额费用参加。给与会者提供白皮书、电子书、影片资料等，拓展你的网络。

6. 非营利组织、协会

非营利组织、专业协会及商会在会员经济中存在的时间比任何其他成员来得久。尽管这些组织希望和营利事业泾渭分明，但其实两者的相似点比一般人所想的还要多。

对非营利组织来说，使命或愿景就是一切。虽然这项原则不会改变，但历久不衰的非营利组织会定期改造自己，好保持新鲜感以及和会员的关联性。这种改造甚至包括让会员每月自动捐款，而不仰赖年度募捐活动。聪明的非营利组织会依据会员经济的现况进行调整。

若要使非营利组织更成功：

（1）找出和你所从事工作互补的伙伴关系，并加以推广。这么做将在会员心中保持新鲜感。

（2）了解理想会员的兴趣和喜好。以他们会喜欢和认同的方式来成长和发展。同时也要记住，你未来会员的模样可能和传统会员不一样，所以要对变动持开放态度。

（3）试着找出你能提供服务的新人群。针对每个新利基，使你的服务最佳化。

（4）从宏观角度判断谁是你真正的竞争对手。任何提供诱人服务给你会员的人，几乎都在追求和你相同的财源。保持警觉，并做出回应。

（5）尽你所能保持新鲜感以及和会员的关联性。确保会员没有因为和你有关系而感到难为情。

（6）总是和会员合作共同达成使命。让会员能够参与到那些正在发生的事情当中。

（7）找到参与更大范围社区的有效方法，吸引其成员加入你的行列。

（8）以可持续的步调工作。实际上，这通常是指少一点短跑冲刺，多一些马拉松。不要榨干会员，永远记住他们还有其他需要关注的对象和责任。

四　如何转型为会员制

当公司经营顺利时，会员经济看起来会比较诱人。但对于大多数公司来说，实践会员经济想法的最佳机会是出现在发生重大转变时。如果面临重大转折点，你要明确该如何利用会员经济来帮助自己，做出前瞻性决策，加入会员经济。

企业至少有 5 个转折点可用来确认该不该走向会员制道路：

1. 从点子到新创公司

会员经济企业的成立初期可能是苦差事，你会面临“先有鸡还是先有蛋”的两难情境。在有能力开始提供价值之前，你就需要临界规模的会员数量。你还必须确认定价、价值论述以及如何以符合成本效益的方式取得顾客。

其他公司已经克服此障碍。若要效法它们，

你必须:

(1)从你的顾客取得漏斗底部起步。在投资取得会员之前，确保你的产品和利益相一致。

(2)一开始就是会员导向，并且将该导向反映在工作评级等地方。

(3)从集中锁定单一对象的小规模起步，再从这里成长扩大。不要一开始就想面面俱到，好高骛远地想“煮沸整座海洋”，而是应该找出你的理想顾客，再以此特定人群为基础最终超群出众。

(4)尝试不同点子，找出适合你的方法，然后再扩大规模。不要颠倒顺序。

(5)看看你能否从某个地方引进一群人作为会员社区的种子。如果能提供和社区利益完全无关的若干价值，这或许是可行的。

2. 从新创公司到成熟企业

从散乱的新创公司发展为成熟企业是一大挑战。实际上，过去的成功体验无法引导你迈向你所希望的未来目标。为了继续成长，你将需要新的流程、强化的技能、更完备的基础建设，甚至可能需要新的企业文化。

若要利用此转折点加入会员经济，你必须：

（1）通过增加会员的参与程度改造你的顾客取得漏斗，使其成为更接近沙漏的形状。

（2）当产生新事业的模式获得证实后，立刻将你的流程自动化并打造架构，以便你能扩大规模。

（3）寻找你能增加的新利益。

（4）准备好接受来自大型企业的关注目光——你会突然出现在它们的雷达上。要做好准备以适当应对。

3. 从实体到网络

从实体经营或只有网络店面，发展到完全通过网络招募会员，是另一个关键转折点。你必须拥有网络心态，进而改变你的方法，才能充分利用此转折点。

若要使用此转折点来获利，你必须：

（1）专注于传递高品质体验。如果存在显而易见的价值，人们就会付费。

（2）观察会员利用你提供的所有新在线工具做什么，再调整你的方法。根据他们的用法进行调整，而不是你认为他们应该怎么使用。

（3）鼓励你的会员公开发表意见，并且采用他们的建议。他们可能拥有比你更多的创新点子。

（4）衡量每一项重要数据——从顾客保留率开始，然后致力于持续改善。

4. 从所有权到存取

过去，拥有才是一切。但今天，几乎每样东西都上传到云端，人们关心的是你能存取什么。这就是为什么亚马逊要将会员制纳入商业模式，也就是 Amazon Prime，以及为什么 Adobe 要从销售盒装软件转型为基于云端的新订阅模式。

若要成功转型，你必须将产品改造成通过订

阅方式提供并重新调整定价，再将这些改变告诉你现有的顾客。另外：

（1）要确保你提供了额外的价值，以便为持续收取会员费找到充分理由。

（2）你必须支持没有转型为网络会员的忠诚用户。

（3）务必诚实表明你改变的理由，这一点极为重要，同时要对现有顾客、供应商及员工的疑虑有所回应。

5. 从维持原状到崩解

会员经济利用新科技，使得向会员传递价值的成本可以更低。因此，会员经济以高破坏力的方法取代了维持原状的企业。在这种环境下，新市场进入者可能会瓦解那些长年稳健经营的企业。

若要避免自行崩溃，你要：

（1）了解会员经济原理的特质并且贴近你的会员。知道他们想要达成的目标，知道科技能如何帮助他们。

（2）寻找可能导致崩溃的那些低利用率资产。

（3）在新进者有能力跨入市场之前，试着促进科技工具的改进。

（4）慎防将旧系统的支出转嫁给会员——有风险存在。

总之，在市面上新科技工具的支持下，会员经济无疑将快速扩展。你现在应该找出一两个机会，供你进行会员制的小测试。挑选可以控制且一旦成功将为你带来重大影响的项目，接着开始行动。

（1）和现有顾客一起打造网上社区，询问他们想在新一代产品上看见什么。

（2）评估如何把忠诚计划纳入商业模式以及如何利用忠诚计划增加价值，或如何为会员消除障碍。

（3）预先思考最佳顾客可能面临的挑战，以及如何利用会员经济的传递机制来帮助他们。

（4）把现有会员制及忠诚计划整个砍掉，从零开始打造采用新科技的新计划。在新竞争者逼你这么做之前，先自己动手。

（5）变得更重视顾客，更以他们为中心。毕竟这是会员经济的驱动力。

关键思维

不管你所处的是哪种组织，都不要自满。持续创新，持续测试你的假设，持续提出疑问，持续关注宏观趋势。最重要的是，从你自身往外看，找到可以和你一起继续这趟旅程的人。或许他们就在你的组织内部，那么你就很幸运能拥有志同道合的同事。但如果你没有同事，或者就算有也无法和你配合，那你就要寻找相信会员制而且可以和你并肩打拼的导师、同伴或志同道合的人，即使不在同一组织内也没关系。

——萝比·凯尔曼·巴克斯特

蓝海策略

Blue Ocean Strategy

How to Create Uncontested Market Space
and Make the Competition Irrelevant

原著作者简介

金伟灿（W. Chan Kim），英士国际商学院策略及国际管理学教授。他之前在密歇根大学商学院担任教授，也在欧洲、美国和亚太地区的一些跨国企业担任董事。他在商管类杂志期刊上发表了许多文章，是《金融时报》和《华尔街日报》的撰稿人。金教授也是世界经济论坛（World Economic Forum）的会员。

芮妮·莫伯尼（Renee Mauborgen），英士国际商学院策略及管理学教授、世界经济论坛会员。莫伯尼教授目前的研究聚焦于知识经济的策略、创新和创富。

本文编译：黄玩

主要内容

主题看板

创造没有人参加的比赛

没有竞争对手的蓝海有可能存在吗？没人跟你抢市占率的市场有可能存在吗？蓝海策略从根本上挑战传统策略的成功标准，主张成功不是和竞争对手缠斗，而是创造一场除了你没有人可以参加的比赛。

2005年《蓝海策略》一经出版，马上风靡全球。在激烈的市场竞争中上演割喉战的企业，像是被打了一记闷棍，突然之间忘了为何而战。它们每天努力竞争为的就是打败对手，但它们从来没想过：没有竞争对手的蓝海有可能存在吗？没人跟你抢市占率的市场有可能存在吗？

结果10年下来，《蓝海策略》在全球5大洲以43种语言出版，创造了350万册的销售佳绩，并于2015年推出修订版。事实证明，蓝海真的存在，而且早就存在。只是通过一个新的名词提出一个观念，让传统的商业营销思维有了更新的活化空间，这本书也因此成为阐述“新经济学”最具代表性的书籍之一。

为了超越竞争，你必须不断追求价值创新

所谓的蓝海，是指未开发的市场。从来没有人以这一市场为目标，而且它具有巨大的成长潜能。在蓝海中，只要企业有足够的创意和创新能力，以差异化来吸引顾客，就能获取高额的报酬。可能的创新能力不仅限于新产品，同样包括全新的市场。

因为蓝海的市场竞争者很少或根本没有，顾客没有办法做价格上的比较，企业得以定出高出成本甚多的价格，从而获取高额的利润。相较于红海中为了抢占市占率而最终走向“传统恶性削价竞争”的惨状，这简直是不可思议。这也是为何蓝海策略的概念一经推出，就立即造成轰动的原因。换言之，企业在这个市场中可以不断地从事价值创新，只要产品够吸引人或者能满足顾客从未想过的需求，企业就能获得良好的利润。

拥抱蓝海，创造一场完全属于你的比赛

如果顾客的需求不变，竞争的结构和目标不变，产业的分界也很清楚，只有一块大饼供大家分食，那么所有的市场参与者无可避免都得一起竞争。但是，经济情况会改变、顾客需求会改变，技术能力的进化更会不断开拓出完全崭新的领域。谁说你只能和别人站在同一条跑道，追求同一个目标呢？

蓝海策略从根本上挑战传统策略成功的标准，主张成功不是和竞争对手缠斗，而是创造无人竞争的领域。你要练就的不再是针对某种产品或产业的“更低成本、更高产能”的功夫，而是跨出现有框架，创造一场除你之外没有人可以参加的比赛。

当然，10 年下来，最多的困扰是蓝海也有可能变红海。如果你的蓝海变红海，或许你应该先夸奖自己的先见之明，然后再好好思考对策，因为此时你也许是市场领导者，仍有防御上的优势。当然你也必须有能力看出市场潜在威胁，因为下一个创新者也许正在伺机而动。

这样的警讯在个人身上也同样管用。在职场竞争中，或许你该思考你的蓝海策略了。

引言

要打败你的竞争者，事实上最好的方法就是停止和他们竞争。

换句话说，当你为了既有市场的占有率和对手进行正面对抗时，就像是在“红海”中竞争——在这里你的竞争方式是以竞争者为标杆，然后尝试去战胜他们。更好的策略是寻找“蓝海”——这是指未开发的市场，从来没有人以它为目标，而且它具有巨大的成长潜能。在红海，你的竞争者主导议题；在蓝海，你的竞争者变得不重要。

在一项为期 10 年针对 108 家公司的研究当中，发现 86% 的上市新产品都是既有路线的延伸，只有 14% 是尝试创建蓝海市场。然而这 14%

创造了总营收的38%以及总利润的61%。所以很明显的是，尝试采取蓝海策略的公司，比起那些采取跟随策略的公司，成功几率会大很多。创造蓝海应该是每一位经理人的焦点和目标。

关键思维

我们的目标是让蓝海策略的形成和执行具有和已知市场空间的红海竞争方式相等的系统性和可行性。只有这样，公司才能用一种聪明且负责任的方式，既能把机会最大化也把风险最小化，然后迎向创造蓝海的挑战。没有任何公司——不论大或小、既存者或新进者，有能力负担孤注一掷的豪赌风险，也没有任何公司应该如此。

——金伟灿　芮妮·莫伯尼

一　价值创新——蓝海策略的核心

蓝海策略的关键目标是创造价值创新——降低成本并同时为买家拉升价值。价值创新是蓝海策略的基石。只有当一家公司的效用、价格和成本结构都经过适当校准时，价值创新才能达成。这种全方位的系统调整让蓝海的创建得以持久，因为它会整合公司所有功能性和流程性活动。

大多数公司策略的根源都是军事策略。因此带头执行的“长官”坐镇在企业“总部”，思考在“前线”面对顾客的员工在做什么。战争的焦点一直都是和敌手对抗以及争夺某一块特定土地。在这样的场景中，赢得市场占有率就是一切。这就是典型的红海思维。

然而今日的商业环境有一些非常独特的挑战：

◎所有产业的生产力都已经通过科技得以提升，意思是在几乎所有的市场中，供给都超过了需求。

◎当交易壁垒瓦解而全球化更加势不可挡，高价的利基市场正在逐渐灭绝。

◎许多产品在全世界的需求正在和许多已开发市场的人口数同步减少。

结果是利润率正在缩小，价格战变得愈来愈频繁，许多产品也加速了商品化。为了避免就既有市场的占有率（红海）进行激烈竞争，会有愈来愈多的公司尝试创造无人竞争的新市场空间（蓝海），这类市场也因无人竞争而具有高获利潜能。

一些高度成功的蓝海策略范例如下：

◎苹果公司用它的 iPod 数字音乐播放器和 iTunes 数字音乐商店取得了数字音乐产业 60% 的占有率。

◎福特汽车在 1908 年推出只有当时汽车一半价格的 T 型车。

◎ CNN 在 1980 年推出全年 24 小时播放的实时新闻。

◎太阳马戏团在 1984 年推出部分马戏部分娱乐的新型巡回演出，它在 20 年内达到的营收等级，传统的马戏公司要花超过 100 年才能达到。

◎日本汽车业于 20 世纪 70 年代在美国市场推出小型的节能汽车。

◎戴尔计算机公司于 20 世纪 90 年代中期在个人计算机产业采用接单定制的直销商业模式。

◎美国影城公司（American Multi-Cinema Inc.）在 1995 年推出拥有 24 个播放厅的超大影城。在录像带和家庭剧院被认为会取得最高主宰地位的时代，这种超大影城通过提供更高级的座位、更好的观赏体验和令人惊奇的音响功能，把人们从家中带回电影院。

所有蓝海行动的成功原因是，它们更专注于价值创新，而较不着重于打败现有的竞争者。价值创新是一种容易了解的概念：

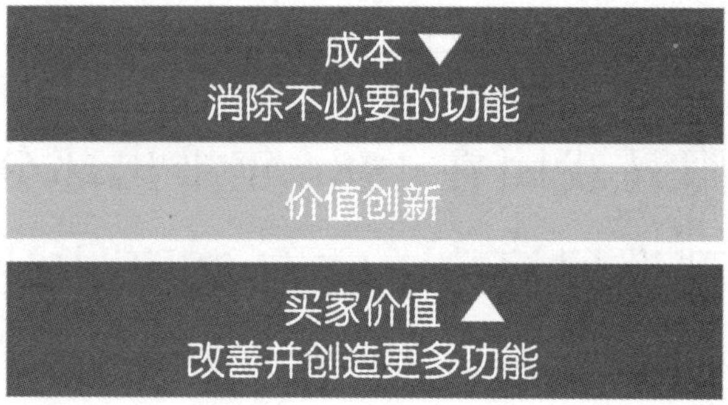

每当公司为了顾客而对创新进行校准，让它跟效用、价格和成本效益保持一致时，价值创新就会产生。完成价值创新的公司会同时追求差异化和低成本。这代表通过把非顾客转化为顾客的方式，来使市场显著成长。而形成这种目标的关键，就是提供给顾客那些过去无法以可负担价格取得的功能和成分。长期下来，当规模经济生效后，成本还会进一步降低。

那么你实际上该如何开发一项蓝海策略呢？以下是一些可供使用的关键工具：

1. 策略布局图

使用策略布局图掌握既有市场的目前局势。

它强调该产业目前在产品、服务和交货等方面具有哪些竞争因素。例如美国西南航空的一个简化策略布局图如下：

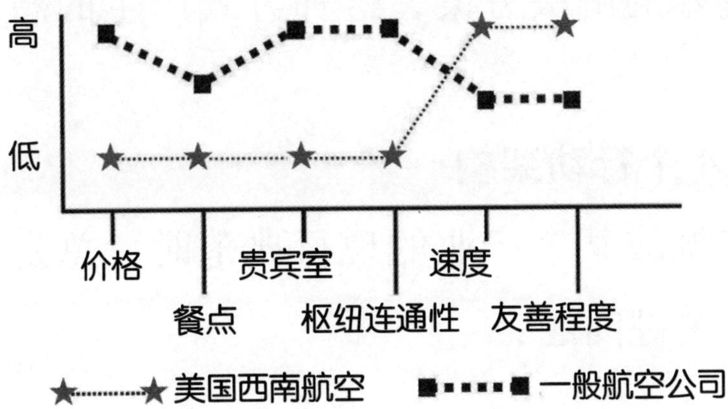

实际上策略布局图可以让你由上而下地观看某个产业目前是如何投资、竞争及尝试向顾客提供好处的。产业的策略布局图也可能很复杂。低成本业者和高价格业者会具有不同的产业观点。

要利用策略布局图开发蓝海策略，你必须把你的焦点从竞争者转移到替代品。具体做法是你要停下来思考：“要让这个产业的非顾客开始购买，得付出什么代价？”这件事可能需要对产业所聚焦的问题重新加以定义，然后吸收不同产业的成分来得出买家价值方案。比起过度专注于竞争者目前提供给顾客的解决方案，然后尝试开发比它更好的解决方案，这种方式产生的想法完全不同。

2.4个行动架构

在挑战某个产业的现行典范时，总是应该提出4个关键问题：

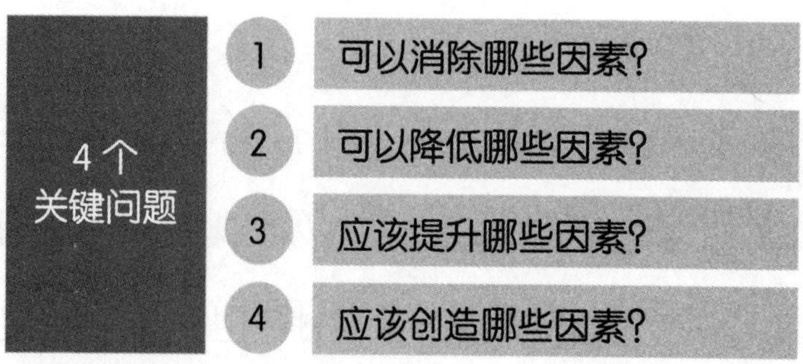

每一个产业都有一些被认为理所当然的因素，它们也被认为是入门的代价。长期下来，顾客重视的项目可能会产生根本的改变，而现有的

产品和服务，事实上有可能因为过度的工程设计而变得太昂贵。通过这 4 个关键问题，你会让任何已经不再重要的竞争因素浮出台面。你也可以发现顾客过去可能被迫所做的任何隐含妥协。

3. 行动方格

消除	提升
■行动 1 ■行动 2	■行动 3 ■行动 4
降低	**创造**
■行动 5 ■行动 6	■行动 7 ■行动 8

行动方格不仅可以推动公司提出那 4 个关键问题，还能让它对这 4 个问题同时采取行动，以创造全新的价值创新。完成这个行动方格，会迫使公司必须具体描述他们会做些什么不同的事。行动方格的第二个好处是，每个层级的经理人都会了解必要事项，并且能够一起行动。在开发行动方格时，公司要被迫针对原本假设必须去竞争

的每一项因素进行实实在在的检验。

当此3项工具一并使用时，就可以开发出可行的蓝海策略。一份好的蓝海策略具有3项典型特质：

（1）这份蓝海策略会高度聚焦——而且每个人都了解公司是凭借哪些因素去竞争的。这样的做法可以避免被诱惑去投资和关键竞争因素不相关的事物。

（2）这份蓝海策略会区别于其他业者使用的策略——因为你的观察横跨各种替代品，而不仅仅只是尝试比既有业者做得更好。

（3）这份蓝海策略清楚且容易沟通——它能够用一句令人信服且迷人的标语表达。例如美国西南航空的标语可以是："用汽车的价格享受飞机的速度——每当你有需要时。"一份绝佳的蓝海策略将会如此醒目，以至于你的竞争者会懊悔为什么自己没想到。

关键思维

战胜对手然后在红海中成功悠游，一直都很重要。红海一直都具有其重要性，这也会一直是商业生活中的一个事实。但随着更多产业的供给超过需求，为了萎缩市场的占有率而竞争尽管有其必要性，终将不足以支撑起高绩效。公司必须超越竞争。为了获取新利润和成长机会，它必须创造蓝海。

——金伟灿　芮妮·莫伯尼

大多数20世纪策略和管理观点演化时所处的商业环境正逐渐消失。当红海变得更血腥时，管理阶层对于蓝海的关注就必须更重于目前这群经理人的习惯程度。

虽然“蓝海”是一个新词，但它的存在却不是新事物。它是商业生活的一种特色，不论是过去或现在。回顾过去的100年然后问自己，今天的产业中有多少是当时所不知道的？答案是：许多的产业，如基本的汽车业、音乐录制、航空、石油化学、健康护理和管理顾问，都是当时不曾听说或者才刚开始兴起的。现在把时钟转回到30年前。同样的，有太多价值数十亿美元的产业当时没有而现在蹦出来，只举部分例子：共同基金、移动电话、燃气发电厂、生物科技、折扣店、包裹快递、迷你面包车、滑雪板、咖啡店和家庭录像带。30年前，这些产业没有任何一项真正存在。现在把时钟往后转20年——或50年，然后问你自己，到了那时候会有多少你现在不知道的产业可能存在？如果能通过历史预测未来，答案应该是“很多”。

价值创新是思考和执行策略的新方法，其成果就是蓝海的创造和竞争的休止。重点是，价值创新藐视了采用竞争模式的策略中最受到共同认可的一项信念：价值与成本的取舍交换。传统信念是公司必须用高成本为顾客创造大价值，不然就是用低成本创造合理价值。此处策略被认为是在差异化和低成本之间做选择。相较之下，寻求创造蓝海的人则是同时追求差异化和低成本。

价值创新的意义不仅仅是创新。它包括整个公司活动系统的策略。价值创新对公司的要求是，要引导整个系统，让对买家和公司同时有利的价值能够大幅增长。缺少这种整体观点，创新就会一直偏离策略核心。

二　开发蓝海策略的关键原则

蓝海策略比较重视风险最小化，较不重视风险承担。要成功形成蓝海策略，需要4项指导原则。采用了这些原则，就可以降低寻觅的风险、计划的风险、规模化的风险和商业模式的风险。

1.重新架构市场界线

对每一家公司而言，可能的蓝海策略几乎有数百种。挑战在于决定哪些具有商业可行性，哪些没有。关键是从全新的角度观察熟悉的数据。

公司通常会采取6种途径以重新架构市场并开启蓝海策略：

（1）观察各个替代性产业——并找出哪些产品和服务虽然具有不同形式，但却能达成相同目的。顾客通常会在替代性产业之间取舍。这些产业之间的空间或许能提供一些重要的价值创新机会。例如私人飞机公司 NetJets 就将商业航班的速度和便利与其他产业所采用的因部分所有权而产生的低廉固定成本结合起来。

（2）观察产业内的各个策略团体——了解顾客用哪些因素决定自己愿意归属的团体。提供来自每一个团体的关键因素并消除其他一切因素，就可能开启蓝海。例如雷克萨斯汽车以更接近凯迪拉克或林肯的价格，提供奔驰、宝马或捷豹的顶尖质量。

（3）观察买家链——然后将他们对价值的不同定义结合起来。购买者、使用者和有影响力人士对于价值好坏都会有不同的定义。如果你挑战目标买家的外延，就有可能开启蓝海。例如佳能公司把焦点从企业购买者转移到喜欢在自己桌上拥有私人复印机的使用者，从而开发出小型的台式复印机。

（4）观察各种互补的产品和服务方案——然

后得出一项完整解决方案。如果电影院过去就这么做，它或许能通过提供托婴服务，吸引人们去看电影，进而创造一片蓝海。基于同样的道理，邦诺书店把它的重点从书籍的销售转为创造一个阅读和学习的环境。

（5）观察各种功能性或感性的要求——然后挑战你的产业方向。给传统上根据功能做营销的产品注入一些感性成分。这就是思沃奇做的事，并且它取得了不起的成果。或者你也可以反其道而行，把原本感性导向的产业转型为功能性及正式的要求。这就是美体小铺已经成功做到的。现在这个时候，许多服务业通过从感性或关系的基础转变到更功能性的导向，为自己创造出蓝海契机。

（6）观察时间历程——并预测如果新科技按照逻辑演变，结果将会如何。通常你的产业传递价值的方式会快速演变。如果你往回追溯且辨识出今日必须改变什么才能释放新蓝海，那么蓝海契机就会出现。例如苹果 iPod 的灵感来自于在线音乐服务 Napster 的成功。消费者的需求明显存在，而且又有以数字方式下载音乐的可用技术。于是苹果提供了一种既合法又简单便宜的音乐取得方式，并以此开发了一块大规模的蓝海市场。

关键思维

发掘及创造蓝海的过程，并不是预测或抢占产业趋势。它也不是为了实现经理人或组织产生的狂野新业务构想而进行的尝试错误过程。它应该是经理人以一种崭新的方式重新安排市场现实的结构性过程。通过重新架构那些跨越产业和市场界线的既有市场元素，把自己从红海那种针锋相对的竞争中解放出来。

——金伟灿　芮妮·莫伯尼

2. 专注大局而非数字

公司规划部门撰写过的每一份策略计划，开头都在长篇大论描述当前产业状况和竞争环境，接着通常是分析如何提高市场占有率。换句话说，公司的规划过程通常都是非常红海导向的。甚至还会附加冗长的注释以支持计划的每一个层面。所以策略计划从来不曾导致蓝海也就不足为奇了。

为了避免这种情形并进行框架外的思考，你必须让员工专注于大局，不要让数字混淆他们的头脑。其中一个做法是绘制你自己公司的策略布局图，而不是制作策略计划。好的策略布局图：

◎可以协助每一个人正确把握你在目前市场中的策略位置。

◎可以让你绘制未来策略的可能及应有内容。

◎协助每一个人专注于大局而非流程细节。

◎精确指出正在及将会影响你产业竞争的因素是什么。

◎显示出在为了未来成功而正在进行的投资上，你和你的竞争者有什么不同。

◎可以激发不同部门之间关于公司应有走向的讨论。

◎可以促进并加强最佳策略实务在公司各个部门之间的转移。

发展你公司自己的策略布局图绝非易事。首先，对于各种竞争因素到底是什么，就会有一大堆争执。人们对于你如何在各种不同领域和竞争者之间做比较，会产生不同等级的敏感度。而且许多经理人会倾向于从内部使用者的角度来定义效用和价值，而不是采用顾客的角度。虽然如此，如果你想要找到蓝海契机，你就必须学习如何绘制一份有效的策略布局图。

要绘制你公司的策略布局图：

（1）先让大家建立共同认知——方式是利用视觉呈现你目前所处的位置，并以视觉方式比较你和你的竞争者。让每一个人看到大局，而不只是各自的既得利益。画出一份建议的策略布局图，然后对此进行讨论，对你和竞争者的策略进行比较和对照。邀请每一个人激发他的想象力并参与。

（2）派遣几个由经理人组成的小组前往现场——让他们面对面和顾客交谈。找出人们使用或不使用你的产品的确切原因。别把这项工作外包，也别依靠二手报告。要自己走出去亲身观察真正发生的状况。这是你能够产生真知灼见的唯一方法。尽可能花时间和非顾客相处，了解你的产品为何无法吸引他们。观察他们目前使用的替代品，那正是蓝海可能形成的方面。指定两个小组做这件事，然后让每一组都提出一份新策略，还要附上它们构思的有力标语。

（3）举办一场视觉策略大会——让每一个现场小组发表它绘制在策略布局图上的建议策略。给每一组最多 10 分钟时间来发表它的建议策略。把每一份策略布局图贴在墙上，然后给每一个人 5 张票去选出他的最爱。告诉他们如果觉得某一份布局图令人信服，就可以把 5 张票全都投给它。

这样做会让最好的策略立即脱颖而出。让大家决定你的最佳未来策略可以且应该是什么样子。

（4）与人沟通你的决定内容——方法是发布你决定前后的策略档案。把它们浓缩在一张纸上，这样才容易做比较。为员工详细解说这些改变。让这个新愿景成为一切活动的中心。

3. 接触范围要超越既有需求

一旦公司创造了一块蓝海，接下来它就会极力扩大这块创建中蓝海的规模。新市场愈大，安排资源设施以服务该市场的风险就会变得愈小。达成这个目标的关键是，公司要设法超越既有顾客去吸引非顾客。

目前没有使用你产品或服务的顾客，通常可分为 3 种不同层次：

（1）第 1 层的人位于你现有市场的边缘——当有更好的东西出现时，他们会乐意马上跳槽。如果你可以提供给这些人额外的价值，他们就会乐于购买，因而他们具有巨量需求的潜能。第 1 层

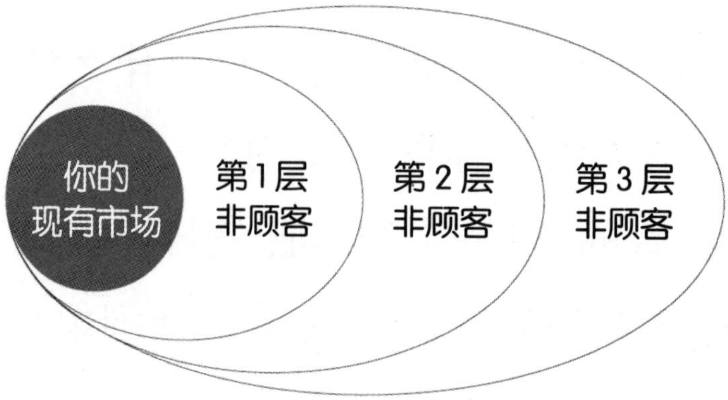

非顾客还包括尚未确定还有更好产品前，只会向你购买最低数量产品的人。如果你能够找出非顾客和边缘顾客之间的共同点而不是差异性，你就可以发现该专注的目标。找出他们喜欢你目前商品的哪些部分，然后为他们提供更多附加价值。找出他们喜欢什么样的解决方案，然后开足马力向他们提供确实所需之物。关于如何释放一块蓝海然后使之成长，你可能会发现，跟那些已心满意足的既有顾客相比，非顾客能提供更多卓越见解。注意他们的要求，那么你释放重大蓝海市场的路途就会十分顺畅。

（2）第 2 层是拒绝使用你产业现有产品的

人——因为它要不就是太昂贵，要不就是不太符合他们的需求。如果你花点时间去努力探究这些人为何不愿意购买，你可能会得到一些卓越看法，让你明白如何做才能让市场成长。在非顾客目前不愿意购买的原因当中寻找共同之处。设法回答出现的种种疑虑，然后你就可以发现对你产品和服务的巨量新需求。挑战你产业中的一些固有假设，以此大幅增进顾客价值。

（3）第 3 层是从来不把你的产品当成备选方案的人——因为他们的需求和相对应的业务机会，一直都被认为属于其他市场。当你满足并超越既有需求时，就可能触及到一个非常辽阔的等待开发的潜在需求大海。

关键思维

关于你应该专注于哪一层次的非顾客以及何时该专注，并没有什么固定不变的法则可供借鉴。由于特定层次的非顾客所能释放的蓝海契机规模会随着时间和产业而改变，所以你应该专注于代表当时最大顾客来源的那个层次。但是你也应该探究，是否有重叠的共同之处已经横跨这3个非顾客层次。这样你就能发现潜在的需求。如果状况确实如此，你就不应该专注于某一特定层次，而是要横跨各层次去寻找原因。这里的规则就是追求最大顾客来源。

——金伟灿　芮妮·莫伯尼

通过专注于那些横跨非顾客和既有顾客的关键共同点，公司就能够了解如何把非顾客拉进自己的新市场。

许多公司自然而然的策略导向是既要维持既有顾客，又要寻求进一步的市场区隔机会。虽然这可能是取得聚焦的竞争优势和提升既有市场占有率的好方法，但它却不大可能产出一块能扩张市场和创造新需求的蓝海。为了把蓝海规模最大化，首先你应该超越既有需求去接触非顾客，并且在形成未来策略的同时去除市场区隔。

4. 策略顺序要弄对

善用你已经创造出来的蓝海市场的下一项挑战是建立健全的商业模式，以让你能够从自己的构想中获利。做这件事的重点是，当你将蓝海构想的商业可行性具体化然后对其进行验证时，你的策略顺序必须要弄对。如果能弄对这个顺序，你的商业模式风险就会降低。

最佳的策略顺序是：

（1）除非你的新构想能为顾客提供优越的额外效用，否则就不要再往前进。注意，效用和新奇是非常不同的。新事物或许引人注意，但是除非它能让买家的生活更简单、更方便、更有生产力或更有趣，否则它也就只是一个好构想而已。提供产品要优越有效：

◎容易购买。

◎交货迅速有效率。

◎不需专门训练就会使用。

◎不需要昂贵的配件。

◎容易维护。

◎在使用寿命终止时可以轻易处理。

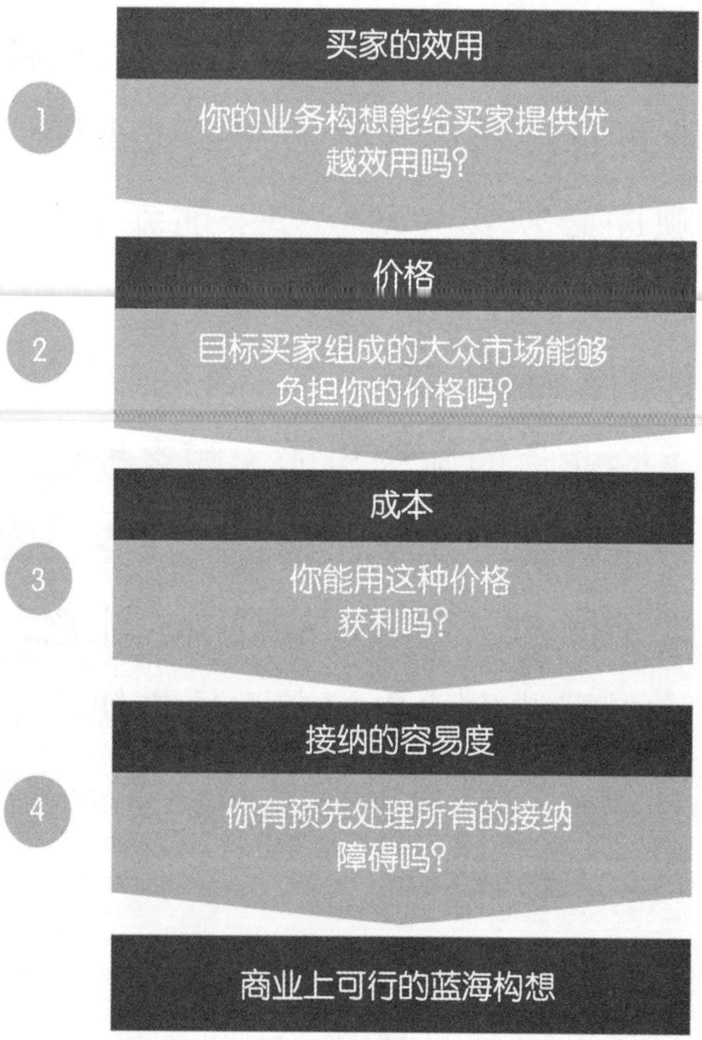

（2）当你把价格弄对了以后，买家不仅会想要你的产品，而且也会有能力负担。你必须从一开始就知道什么价格可以快速掌握大众市场，而不是期待从初期使用者那里收取无法持续的高价格。公司必须在一开始就采用让买家无法拒绝的方案，然后努力维持住这种状况。通常都会有个价格走廊存在，它是由提供类似利益的替代性产品的供应状况和价格所创造出来的。如果竞争者要模仿你正在做的事很困难，那么你或许就能够把价格定在接近走廊顶端。相反的，如果模仿你很容易，你设定的价格就必须接近走廊底部以阻止竞争。不论如何，你设定的策略性价格应该对大众市场的买家具有高度的吸引力，而不是去吸引专业人士。当愈来愈多人加入这股风潮时，他们会帮你创造一些市场美誉度。

（3）接下来思考你蓝海构想的获利能力。你必须考虑，用你的目标价格销售是否能够获利。

大多数公司把它看成是成本加利润（cost-plus）的过程，然而对蓝海构想而言，必须把成本看做是价格扣减（price-minus）——用策略价格作为开始，然后减掉设定的利润率，得到目标成本。为了达到这些势在必得的目标成本，公司通常必须：

◎让流程更顺畅并引进成本革新——或许可以用非传统但不那么贵的替代品取代某项原料。

◎改变生产方法和材料——或许可以采用更新且更便宜的组装技术。

◎和其他供货商签订合作协议——让更有效率的人执行某部分的关键生产和配送过程。这样做也让你能够从其他公司的专业知识和规模经济中借力。

◎设法改变你产业所使用的定价模式——或许可以从购买变成租赁，或是发展一种出租或部分所有权模式。有一些公司甚至通过提供产品来交换顾客的事业权益和未来收入来源，以此取得极大的成功。

（4）即便你拥有一个具有优越效用、迷人价格及获利性的产品，它仍然会失败，除非人们发现它很容易上手。蓝海构想在定义上就是会威胁现状。因此，产品必须得到 3 种关键支持者的接纳：

◎员工——如果他们认为新事物威胁到他们的生计，他们就会下意识地破坏它。

◎业务伙伴——必须免除他们的疑虑，确保这个新产品或服务不会影响到他们的收入或市场地位。

◎一般大众——有时候他们会觉得被那些威胁现状的新构想所冒犯。这个现象的典型例子是大众对转基因食品的抗拒。

关键思维

了解正确的策略顺序，也了解如何用这顺序中的关键指针来评估蓝海构想，这样你就能够显著降低商业模式风险。起始点是买家的效用。大众是否具有一个必须购买的强力理由？如果没有，蓝海也就没有启动前提。当你清除这个优越效用的障碍，就会前进到第2步骤：设定正确的策略价格。你的方案定价是否为吸引大量目标买家而设定，以此让他们能无法抗拒地购买你的产品？这前两个步骤确保你大幅增进了买家净价值。利润的确保带着我们来到第3项要素：成本。你可以根据目标价格制造产品，然后仍然能够赚取合理的利润吗？最后的步骤是处理接纳障碍。只有当你能够在一开始时就处理接纳障碍，以确保自己构想的成功实现时，蓝海策略才算形成。

把你正在创造的蓝海规模极大化是不够的。你还必须从中获利，才能创造出持续的双赢结果。

——金伟灿　芮妮·莫伯尼

三　执行蓝海策略的关键原则

形成一个有效的蓝海策略是一项挑战，然而执行好这个策略又是完全不同类型的挑战。要想实现，你必须得到最高管理阶层的接纳，还要有能力让整个组织围绕着蓝海策略的那些执行挑战来进行校准。蓝海策略在背离原有业务时会特别使人畏缩。这里有两项原则，可以让公司在执行蓝海策略时降低组织和管理的风险。

1. 克服组织障碍

公司采取蓝海策略向前迈进时，通常会遇到4种障碍：

◎大多数员工无法意识到改变的必要性。

◎可用的资源有限。

◎激励员工突破现状很困难。

◎内部的人际运作可能会产生影响。

克服这些障碍的真正关键是使用“引爆点领导”——这种领导专注于那些对组织整体绩效具有不成比例影响力的员工、行为和活动。当采用引爆点领导后，组织障碍就会被克服或抵消。

更具体来说，引爆点领导人是采用下列方式，来处理蓝海策略之执行的4项组织障碍：

（1）让员工意识到策略转换的必要性——引爆点领导人会让员工亲自近距离看到市场的新现实。通过让员工直接面对最糟糕的流程问题，他们自己就会做出有必要改变的结论。让你的经理人和其他人离开办公室和那些不高兴的顾客碰面。你的信息不能只依靠顾客调查来取得，还应该让员工亲自和不满意的顾客碰面。这样做可以快速突显出经过长期变化的认知差距，也会对每一个人的思考注入健康的现实动力。

（2）处理有限资源的障碍——引爆点领导人会专注于如何让可用资源的价值倍增。关键在于寻找“热点”，也就是只需投入少许资源就能产生高绩效高收益的活动。引爆点领导人会将任何可用资源密集聚焦在这些热点上。他也会设法把不需要的资源拿去交换需要的资源。每个组织都会有一些计划和活动，其推动执行只因历史因素，别无理由。有效率的引爆点领导人会辨认出这些资源消耗，并对其进行一些改变。他将可用资源从一个领域转移到另一个领域，以创造更大的效益。这样做通常需要勇气，因为根深蒂固的计划总有支持者，然而把组织的立即可用资源从冰点移动到热点，会对蓝海策略的执行产生极大的正面影响。

（3）挑战并激励员工做不同的事（并且做得更好）——引爆点领导人不会发出崇高的策略愿景声明。这种领导人也不会发布命令来要求每一个人从现在开始就要有不同的思考。精明的领导人该做的反而是这 3 件事：

◎专注于组织的关键影响力人士或“重要人

物”——并让他们先朝着新方向移动。由于这些人在组织内受到尊敬，他们愿意做不同的事本身就极具说服力。

◎使用“鱼缸管理法”——意思是让重要人物的行为变得高度的可见及透明，同时并强调包容和公平流程。鱼缸管理法的重点就是，你要向每一个人解释为何需要改变，并强调虽然需要所有这些改变才能向前进，但我们大家都会参与其中。这样做应该可以抵消猜疑和疑问，因为它们是一般员工在改变时期的典型反应。

◎“拆分”挑战——意思是让事情变得可操作并有可能成功。好的引爆点领导人会将整体目标分解成大小合适的部分，让人们认可这些部分在自己的能力范围内。

（4）克服因既得利益而产生的任何人际障碍——引爆点领导人会采取审慎的做法，而不会尝试强行贯彻改变。这在实务上代表领导人要做好3件事：

◎从在策略转移得利最多的人身上借力——方法是和受惠最多的人组成同盟。让他们大声表达出他们的支持，这样你的提议就不会变成荒野中的孤独之声。

◎抗衡那些失去最多的人——方法是孤立他们。预测他们最有可能的攻击角度，然后以事实和健全理由反驳那些反对者提出的说法。要事先做好赢得大众认知之战的准备。

◎指定一位颇受尊重的内部人士到你的小组——他应该知道所有可能的地雷在哪里。他可以是最有可能支持你的人，也可以是最有可能反对新策略的人。因为这种内部人士了解情势，他能够协助你解决人际问题。

关键思维

传统的组织变革理论着重在转变大众。所以变革的努力就聚焦在推动大众、过高资源需求以及长期架构上——这些都是管理阶层很难负担的奢侈品。

引爆点领导采取的是一种相反的途径。为了改变大众，他会专注于转变极端部分：也就是对绩效具有过高比例影响力的那些员工、行为和活动。通过转变这些极端部分，引爆点领导人能够快速且低成本地改变核心，以执行他的新策略。实施策略转移从来都不是件容易的事，而运用有限资源去进行快速改变更是困难。然而研究显示，这一改变通过引爆点领导的借力使力就可达成。慎重处理策略执行的障碍，并专注于极端部分的影响力因素，你就可以克服障碍并实现策略转移。要专注于那些不成比例影响力的行为。这是一个至关重要的领导要素。

——金伟灿　芮妮·莫伯尼

2. 将执行嵌入策略

到头来，唯有每一个人都真正做好进行改变所必需的任务，蓝海策略的好处才能成真。要提高人们执行这项新策略的可能性，它必须通过具有包容性的公平流程来达成，而不能通过纯粹由上而下的命令达成。

公平流程会将执行内置到策略中，因为它能够在事先就创造接纳的心态。员工在策略形成过程中会觉得这是一个公平的环境，因此他们愿意合作去做达成共识的事。公平流程可以设想如下：

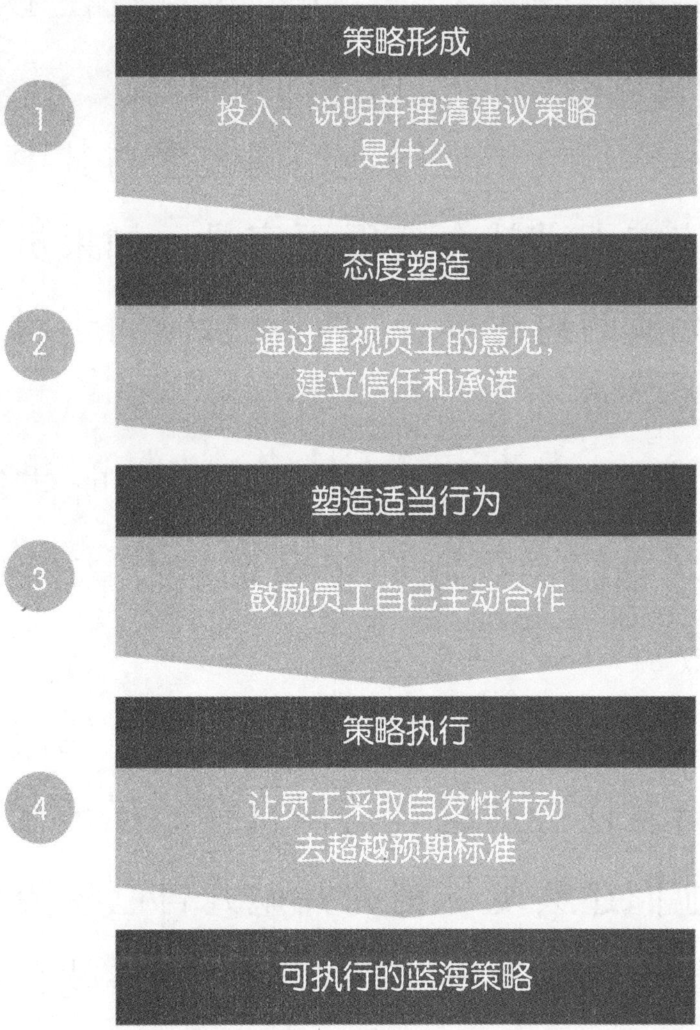

（1）在形成蓝海策略的时候，要求你的员工提出意见并允许他们讨论。你要清楚说明为何需要改变策略，并明确叙述当建议策略被采用时，会有什么新的游戏规则。协助每个人在一开始就了解要做什么及为何要做，这样他们就可以清晰地了解需要做些什么。这里的重点就在于清晰明确，这一点能够完美创造接纳的心态。

（2）一旦员工觉得他们确实参与其中，产生信任和信守承诺就会变得更容易。如果员工参与到策略形成的过程中，他们就会倾向于对新策略抱有好感。

（3）因为员工信任开发新策略所使用的流程，所以他们会更倾向于主动合作去完成那些必要事务。

（4）因为员工参与了策略执行，他们对于自己采取自发性行动也会觉得自在。甚至在理想状况下，他们还会竭尽精力并抛开自己狭隘的个人利益。当这种情况发生时，蓝海策略就会被吸收到组织文化当中，不再被视为是由外部力量强加的事物。

整体而言，打造蓝海策略是动态而非静态的过程。把执行内建到策略中而让流程从一开始就正确，这是有道理的。不过幸运的是，蓝海策略天生就让他人难以模仿。每一个蓝海策略都自动内置了很多模仿障碍。具体说明如下：

◎对于传统的市场竞争者来说，蓝海策略总显得很可笑。他们会嘲笑这个新构想，而不是花时间思考如何与它竞争。

◎品牌形象通常会妨碍竞争者从事价值创新。因为做这种事可能会被认为他们目前的商业模式具有严重缺陷。

◎市场规模通常限制了直接竞争的可行性。当执行蓝海策略时，企业可能会吸取所有可取得的需求，使得竞争者不可能进行相同的商业操作。

◎类似专利权或法定许可的知识产权保护可以用来阻碍模仿。

◎价值创新所产生的大量成品或许会让潜在模仿者不太可能达到类似的规模经济。

◎网络效应或许会产生作用。你拥有的顾客愈多，你的临界规模就愈高，也就愈不可能出现什么竞争者能提供与你相同的产品或服务。

◎要复制你的所作所为，另一家组织可能必须进行它无法接受的人际、流程或文化变革。

◎只要有任何一点运气，你或许会得到众多的好评和顾客忠诚度，因而让模仿者无法在这块市场立足。

如果你自己的价值曲线开始向竞争者的价值曲线靠拢，那就是你需要再次进行价值创新的适当警告信号。你应该回归到起始点以探求不同的蓝海。通过改善流程和扩张地理区域等方式，用尽一切办法来加长、加宽并加深你现有的收入来源，但是同时也要拿出你的策略布局图，开始寻找下一个蓝海。长期成功将取决于你的组织创造多重蓝海的能力。

关键思维

商界正变得愈来愈拥挤。竞争会变得更加剧烈，这会是市场现实的一个极重要因素。我们的建议是，要想在这块过度拥挤的市场取得高绩效，公司应该超越占有率的竞争，转而朝向蓝海的创造。然而因为蓝海和红海一直都同时并存，现实也就要求公司在这两片海域都必须成功，即必须同时专精两片海域的策略。不过由于公司已经了解如何在红海中竞争，它要学的便是如何让竞争变得不那么重要。我们的目标是平衡尺度，让蓝海策略得以形成和执行，从而具有和已知市场空间的红海竞争方式相等的系统性和可行性。蓝海契机早已存在，它被探索之时，市场领域也得到扩张。我们相信这种扩张就是成长的根基。

——金伟灿　芮妮·莫伯尼